齊藤英和 + 白河桃子
Hidekazu Saito + Tohko Shirakawa

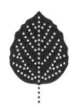

後悔しない
「産む」×「働く」

ポプラ新書
129

「仕事、結婚、出産、両立、学生のためのライフプランニング講座」の受講生の声

「就職と妊娠を関係あるものと考えておらず、
仕事・結婚・妊娠、すべてが
別々の理想を求めていたことに気づきました」

「女性の就職は大変だけど、きちんと考えて行動していけば、
ちゃんと満足できるキャリアが送れるということがわかりました」

「お金の部分では2人あわせての年収で考えればいいというのが目

から鱗で、就職してすぐに産み育てるのも不可能ではないと思いました」

「職場で周囲からあまり良い印象を持たれないと思っていたが、早婚・早く産むことは悪いことではないということが印象に残った」

「やっぱり就職は大切だと思った。
就職を妥協して努力を怠れば、
それがのちのち自身の結婚や出産にも関わってくることを
再認識できてよかった」

「人とのつながりが大切だと感じました。
自分の両親・相手の両親とも仲良くしなければ……」

プロローグ——「自然な流れに任せたい」では何も手に入らない時代

こんにちは、白河桃子です。これから大学生、若手社会人、産んで働きたい全ての人のための「産む」と「働く」について授業を始めます。学校でも家庭でも教えてもらってこなかった、ライフキャリアデザインの授業です。最初にお伝えしたいのは、あくまで「結婚やパートナーシップ」は個人の選択であり、また「子どもを持つか、持たないか、いつ持つのか、何人持つのか」は個人とそのパートナーの決定にゆだねられているということです。多様な生き方、多様なパートナーシップの時代であることも、この授業の土旨と深く関わっています（これ以降は「結婚＝パートナーシップ」ととらえてください。日本でも「法的な結婚」についての考え方は多様になっています）。

この授業は、最初は女子学生向けにリリースされたものでした。その後企業、地方行政にも広がり、パートナーとしての男子学生のみなさんのための授業でもあります。女性だけの問題ではないので、男性にもまったく同じ話をしますし、男性にも「妊娠にふさわしい時期」があることが医学的にわかってきました。それはこの本を作るにあたり、第2限に加筆した「⑤少子化対策、男性の心がまえ」をごらんください。また、両立に関しては女性ばかりが就活の前から悩んでいます。男性はまったく考えていない。このギャップについても伝えたいと思いました。

この授業は2012年に始まりましたが、すでに多くの方から「子どもができました」というかわいい赤ちゃんの写真をいただいています。中には授業を聞いたころは学生だった人もいます。

最初に簡単な自己紹介をさせていただきますね。

私、白河桃子は少子化ジャーナリストで作家。女子大で客員教授、講師もしています。2008年度に刊行した『「婚活」時代』で中央大学教授山田昌弘氏とともに「婚活ブーム」を作りだしました。この本のパートナーである齊藤英和先生と共著の『妊活バイブル』、就活をテーマにした『女子と就活』(常見陽平氏と共著)など、多くの本を書かせていただいています。女性の「仕事」「結婚」「出産」を網羅したわけです。

家族は夫一人と猫一匹。36歳で結婚したのですが、子どもはいません。持ちたくなかったわけではなくて、努力をしなかった、自然に授かれると思っていたのです。

この授業でみなさんにお伝えしたいのは、若いころの自分に会えたら「ここがポイントだよ」とか、「ここを気をつけて」と、そっとささやきたいことばかり。そういう気持ちでこの授業を行っていきたいと思います。

しかし、決して「早く結婚や出産をしよう」という本ではなく、そのようなライフコースを希望する人のためのものです。結婚や出産は個人やカップルの選択の自由であることが前提です。すでに「産まない自由」は先人の努力によって獲得されましたが、「では自由に産めるのか？」というと、今は「産む自由」のほうが阻害されていると思います。「両立不安白書」（スリール株式会社）では、「5割の女性が仕事のために結婚や出産を遅らせたことがある」と回答しています。少子化だから子どもを持ちなさいというのは、「リプロダクティブ・ヘルス／ライツ」という人間として持っている権利に反する考え方です。

※ リプロダクティブ・ヘルス／ライツとは、具体的には、すべてのカップルと個人が、自分たちの子どもの数、出産間隔、出産する時期を自由にかつ責任をもって決定でき、そのための情報と手段を得ることができるという権利。

現代でも発展途上国では「13歳で結婚、14歳で出産」という親が決めた結婚を強いられる問題があります。これは児童婚という国際的な問題です。しかし、みなさんは先進国である日本に生まれています。誰もあなたに「結婚せよ」「子どもを産め」と強制することはできません。みなさん自身が決めるのです。女性だけの問題ではなく、もちろん男性の問題でもあります。制度や社会が整うほうが先という考えもありますが、女性も男性も人生の時間を、環境が整うまで止めることはできません。特に「卵子の老化」や「精子の劣化」は待ってくれません。社会の整備ももちろん重要ですが、自分で選び取り、実現させることも大切です。

しかし選択をするためには知識や情報が必要です。選択のための知識を得る場としてこの授業を使っていただければと思います。

この本には「就活」「婚活」「妊活」という3つの「活」が出てきますが、みなさんの人生において、就職や結婚（パートナーシップ）や妊娠というイベントはどのように展開していくと考えていますか。

今は、仕事と、プライベートなライフイベントをばらばらに考えている人が多いのではないでしょうか。キャリアプランは立てても、結婚（パートナーシップ）や妊娠は、「自然な流れに任せたい」という人が多いものです。

でも、これらはすべてつながっています。そして、今、仕事も結婚（パートナーシップ）も妊娠も、自然（受け身）では手に入らない時代になっているのです。

みなさんがこれらを手に入れるカギは4つめの「活」、「自活」にあります。女性でも男性でも、まずはしっかり仕事をすること、働き続けていくことがベースとなって、その上にパートナーシップや出産、子育てができます。働き続けるだけでなく、子どもができたら「共働き、共育て」が、今後のカップルにはポイントになっていくでしょう。共働きは増えても、7割の男性が家事育児をしていないのが今の日本です。

この授業を受けた20代の社会人女性は「仕事をすればするほど結婚や子育ては遠ざかると思っていましたが、逆なんですね」と驚いていました。

そのあたりを齊藤先生と分担しながらお話ししていこうと思います。

そして、もうひとつ大切なのは、これは『正解のない授業』だということです。どんなに素晴らしいライフプランを立てたとしても、だいたいはそのとおりにはなりません。そして、みなさんはお母さんやお父さんの時代とはまったく違う時代を生きることになります。今の小学生の6割が今は存在しない仕事につくといわれています。むかしはアプリ開発者やYouTuberのような仕事はなかったのですから。世の中はどんどん変わっている。お母さんやお父さんの時代の正解はその時代の正解にすぎず、今の正解とは違いますし、又変化します。

では、なぜライフプラン、ライフデザインを作るのか？　それは作っては壊し、また作り直すためです。うまくいかなかったからといって、そこで終わりではありません。

かつては20年後を思い描き、そこに向かって、じゃあこの10年は何をすればいいか、この5年は、この1年はというキャリアデザインが主流でした。しかし、今は違います。ＩＴの進化が早すぎて、予測のできない時代に入ったのです。

今は未来を1年単位まできっちりと決めるのではなく、キャリア・ドリフトという考え方が主流になっています。キャリア・ドリフトとは偶然起きた出来事などを利用して、ステップアップしたり、新たな方向性に踏み出すような柔軟なデザインです。今やガチガチに固めたキャリアデザインは通用しません。8割のキャリアは偶発的な出来事で決まるといわれています。

未来は予測できなくなりました。しかし未来は「創るもの」になりました。女子大生と未来を考えるイベントにNPO法人CANVASの石戸奈々子さんをお呼びし、未来についての講演をしてもらったことがあります。石戸さんはMIT（マサチューセッツ工科大学）のメディアラボの出身です。メディアラボは未来を予測する研究で企業から多額の研究費をもらっていました。「でも、今はメディアラボですら未来は予測できなくなりました」と石戸さんは言います。世の中の進化が早すぎるからです。

「今は未来は予測するものではなく、創るものなんです」

彼女の言葉を聞いて納得するものがありました。

みなさんのライフキャリアデザインも同じです。完璧にミスなく予測することは不可能です。でも「創る」ことができるのです。どんなパートナーと、どんな人生を「創る」のか、この授業をきっかけにぜひ考えてくださいね。

二〇一七年七月

少子化ジャーナリスト　白河桃子

後悔しない「産む」×「働く」／目次

第４限　産める「就活」×「パートナー」　121

――白河桃子

第1限　ライフステージを考えよう

——白河桃子

①いろいろと忙しい「女子」の人生

いくつまで生きますか？

子どもを持ちたいと思うとき、女性はもちろん男性も人生には、思ったよりいろいろと忙しい時期があります。この後の齊藤先生のお話も含めてどうしたらそれをうまくきりぬけていけるかを考えていきましょう。

女性のライフステージにあなた自身をあてはめてみます。

図1をみてください。みなさんの人生には、この先に広大な白紙が広がっているわけですね。ここから先の人生をイメージしてみましょう。「永眠」と書いてあるところに数字を入れてください。さあ、あなたはいくつまで生きますか？

図1　あなたのライフステージは？

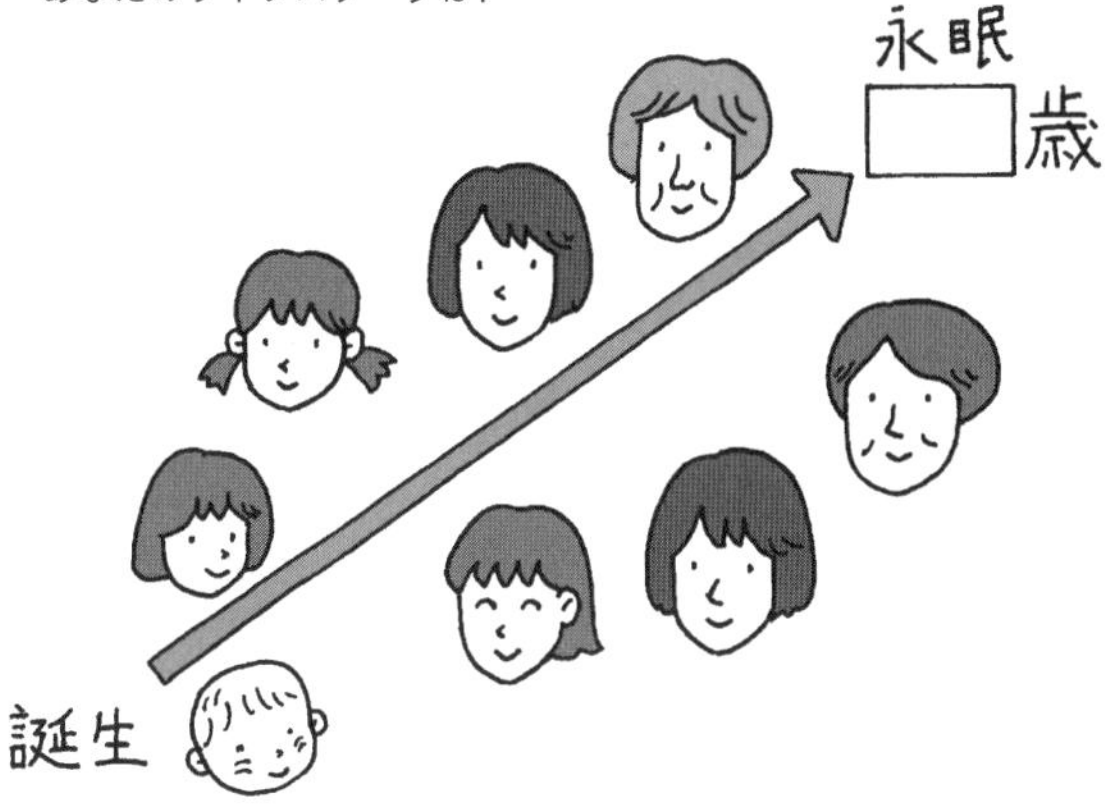

「99？　いや、そこまで長生きしないだろう」とか、「70？　それは早いだろう」とか、もちろんあてずっぽうでかまわないので、考えてみてください。

改めてこうして考えると、「なんだ。人生始まったばかりだ」とか、「女性の人生っていろいろあるなあ」とか、実感できますね。

みなさんの人生は、まだまだこんなに先が長いのです。

お母さんの人生

お母さんの人生も、ちょっと考えてみましょう。みなさんのお母さんは40

〜50代でしょうか。もちろんお母さんは生まれたときからお母さんではありません。お母さんの人生も、いろいろあったはずです。

齊藤先生があとで詳しく解説してくださいますが、妊娠・出産はとても貴重な経験です。人の力を超えた、まさに「授かる」という、その貴重な体験をくぐりぬけ、子育てをして、お母さんはお母さんになり、こうしてみなさんをこの世に出してくださったわけですね。こう考えるとちょっと感謝したくなりませんか。

ライフイベント3つの山

ある男性と話していて感じたことなのですが、一般に男の人は、「会社で出世したい」とか、「こういうことを社会でやっていきたい」など、人生で登るべき山のイメージが、1つしかない。

一方、女性は早くから3つの山を考えています。「仕事」「結婚・パートナーシップ」「子どもを産んで育てること」。これが3つの山です。今は事実婚の人

図2　どう登りますか？　3つの山

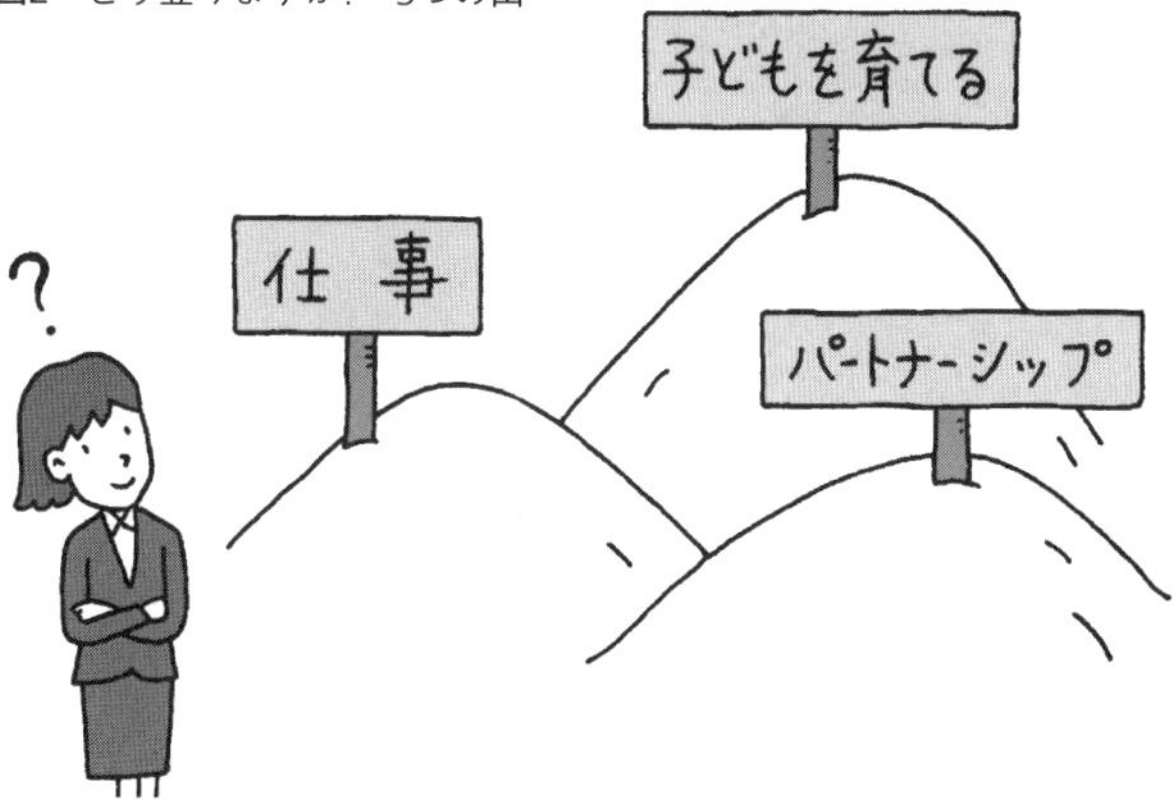

も多くなってきましたし、LGBTの方にはパートナーシップ条例を導入する自治体も増えつつあります。シングルを選ぶ人もいる。どの山も、登る、登らないは個人の自由です。

しかし、仕事だけは常に人生のかたわらに置いてほしいと思います。

プロローグの自己紹介で、私自身は36歳で結婚したとお話ししました。子どもはいませんが、仕事もプライベートも充実していますし、楽しく毎日を送っています。「自分は仕事に恵まれているから、よくばってはいけない」と、思ったこともありました。でも、時代はどんどん変わり、今は「仕事」「パートナー」「子ども」の3つを手に入れたいという人も多くなっています。

仕事を極めることも大事ですが、それだけではない要素があるのが人生。仕事、結婚、子育て……なりたい自分をイメージしてみてください。1つだけでなく、いろいろな顔を持っている。そんなバランスのよさこそが新しい生き方です。もちろん、パートナーである男子の登る山も、「仕事」の山1つではないはずですね。特に、これからの男子は、子育ての山を一から一緒に登っていくことが求められています。

大学生はライフステージのはじめに立っています
ライフイベントの3つの山。登る、登らないは個人の自由です

②女子の未来予想図

早く結婚・早く産みたい

今どきの女子は、結婚することや産むことを、自分自身のテーマとしてどう考えているか、２つの群でアンケートをとってみました。

１つは都内の中堅女子大の学生、１０９８人の1年生のデータ。もう１つはトップ私大の２~３年生の女子学生１１２人のデータです。

まず、「結婚と出産の時期をどうしたい？」という質問。

「早く結婚して早く産む」「早く結婚して遅く産む」「遅く結婚して遅く産む」「子どもはいらない」「その他」という選択肢から選んでもらいました。

中堅女子大で67％、トップ私大でも２人に１人（49％）が「早く結婚して早く産みたい」と答えています。

産休・育休を利用して

次に、「出産したら仕事はどうしたい?」という質問をしました。

選択肢は「産休・育休を使って就業を継続する」「いったん退職し、子育て後に正社員として復帰する」「子育て後にパートタイマーとして就業する」「仕事はやめる」という4つ。この質問に、トップ私大の女子学生は80%、中堅女子大の1年生も60%が「産休・育休を使って仕事を続けたい」と答えています。

バリキャリ?　ゆるキャリ?

同じように、「理想のワーキングスタイル」についてどうイメージしているかを聞きました。

トップ私大ではバリバリキャリアを積む「バリキャリで一生」が最多ですが、事務職などでゆるく働く「ゆるキャリで長く」も多い傾向があり、中堅女子大

図3　結婚と出産の理想は？

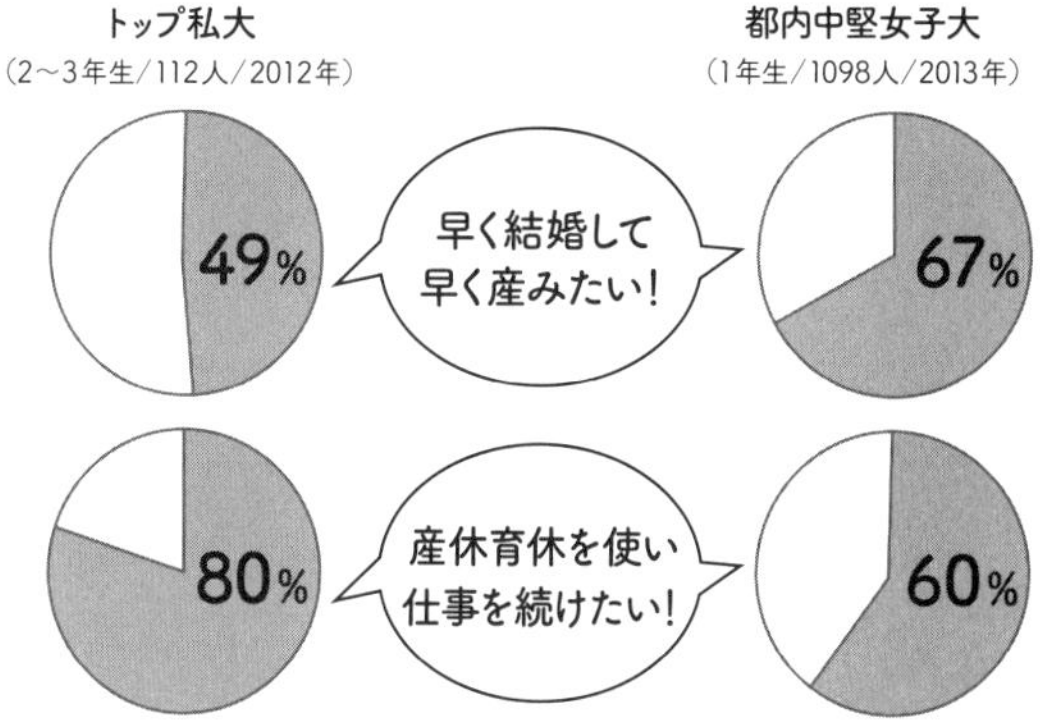

では「ゆるキャリで長く」が最も多いという傾向が見られます。

ここで、「バリキャリで一生働く」「ゆるキャリで長く働く」をあわせて「働き続けたい回答群」とし、「バリキャリで短期間働く」「いつかは専業主婦になりたい」「子育て後に仕事復帰したい」という3つの回答をあわせて「いったんは専業主婦になりたい回答群」として、それぞれの群を比較してみましょう。

すると、中堅女子大では「働き続けたい」群が56%、「いったんは専業主婦に」群が44%。トップ私大では「働

図4　ワーキングスタイルの理想は?

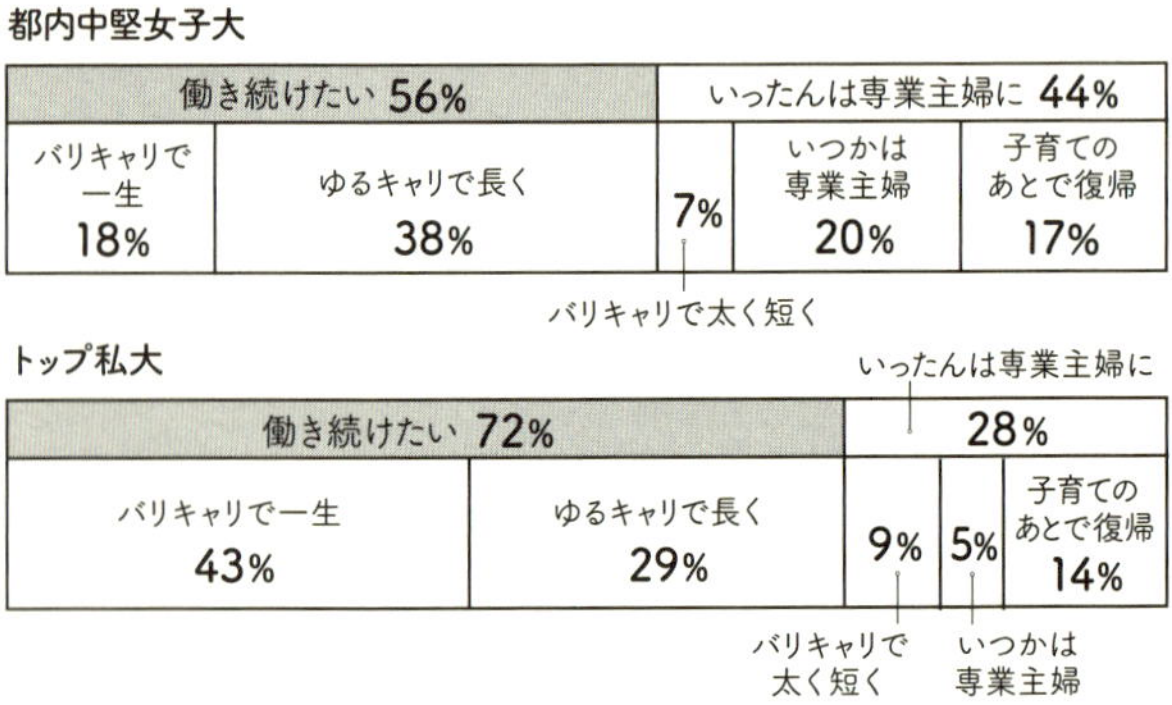

き続けたい」群が72%、「いったんは専業主婦に」群が28%。

比率には差がありますが、どちらの大学でも、働き続けたいと考えている人が多数派となりました。

どうでしょう。あなたの理想と同じでしょうか。結構みんな、「早く産んで」そしてできれば「仕事も続けたい」と思っているわけですね。実は、私は、ここで「いったんは専業主婦に」という群が中堅女子大の44%、トップ私大でも28%と、少なくないパーセンテージを占めていることが気になっているのですが、この専業主婦志向に関しては、あとでゆっくり解説していきたいと思います。

さて、大学生のすなおな希望は、「早く産みたい」、そして「仕事も続けたい」。では、どうすればそれが実現できるのでしょう。

今の日本の環境を見渡すと、当事者がライフプランを立てて戦略に沿って努力する、そういう解決策も必要ですが、同時に、女性活躍・男性の家庭参画・待機児童対策や雇用対策など、社会として解決してもらいたいこともたくさんあります。

社会や企業が変わるまで女性の体は待っていられないので、この本では、自分たちでできる戦略を、一緒に考えていきたいと思います。

「早く結婚して早く産みたい」人が半数以上
育休をとって就業を継続したい女子学生が6〜8割で主流

③受け身でいられた時代の終焉

8割のお母さんが「専業主婦」

前のページの調査の際、女子学生のお母さんの職業についても調べました。するると、学生の在籍する大学による差はほとんどありませんでした。

およそ3割のお母さんが「結婚以来ずっと専業主婦」、約5割が「専業主婦時代をへて、今はパートか正社員」、そして、「ずっとフルタイム」というお母さんは少数派で2割ほどです。

お母さん時代のベルトコンベア

お母さんの時代、「一般的な女性の人生」イメージはわりあいきっちり決まっ

図5　お母さんの時代の人生のベルトコンベア

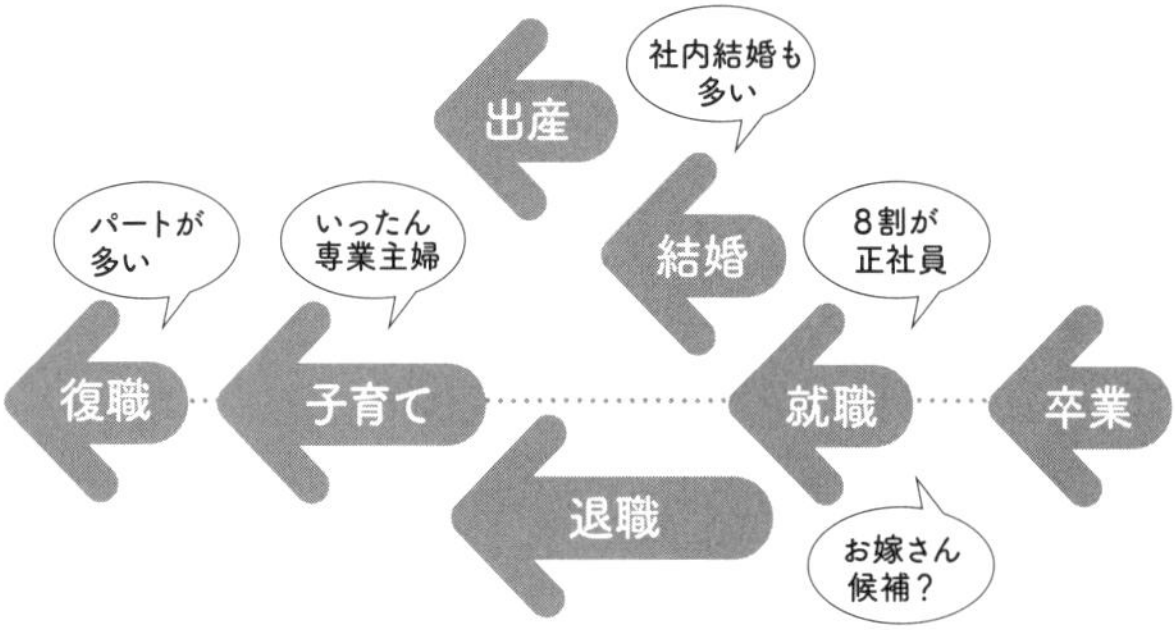

ていました。人生の転機がすんなり自然にかなえられる、ベルトコンベアがあったのです。

学校を卒業して、就職。当時は正規の社員になる人が8割ぐらいです。その正社員の多くが事務職で、実は企業内の男性社員の「お嫁さん候補」として採用されました。社内結婚する人が多かったのは当然の帰結でしょう。縁談を持ち込む知人のおばさんという存在もいて、多くが20代で結婚。「寿退社」といわれたように、結婚か出産で、あるいは夫の転勤などで、大多数が退職していきます。その後、子育てに専念し、子どもがある程度大きくなってから、なんらかの形で仕事に復帰する。こういったベルトコンベアですね。

ただし、ここで「仕事に復帰する」といっても、その多くがパート仕事。4人に1人しか正社員に戻れてはいません。

3人に1人は子どもを産まない？

みなさんの時代はどうなるでしょう。2011年の「日本の将来推計人口（平成24年1月推計）」によると、1995年生まれの女性の生涯未婚率は20・1％。5人に1人が50歳で独身と予想されています。また、生涯子どもを産まない女性は3人に1人という予想です。

20代が忙しい理由は「仕事」、それも「転職」など。今30歳ぐらいの女性にインタビューすると、転職している人が多く、「2社め」「3社め」とか、「やっと理想の会社にめぐりあえました」という人も少なくありません。20代で働きながら就活を続けているイメージで、まだ結婚どころではないということですね。

次に、「結婚しにくさ」。婚活が話題になるのも、結婚難だから。社内結婚はすたれ、女性もお嫁さん候補ではなく、働きに会社に行っています。会社、地域が、若者を結婚させようとお膳立てしてくれた時代は終わりました。

さらに、「妊娠の先延ばし」。結婚したとしても共働きがふつうですから、すぐ赤ちゃんをつくらず、「お金を貯めてから」「２人で楽しんでから」……。そうしているうちに、なんとなく先延ばしになってしまうんですね。

そして、「離婚が多い」。今、日本の離婚率は３組に１組といわれています（ただし、ここでがっかりしないでくださいね、再婚もできます。結婚する夫婦の４組に１組が、どちらかが再婚もしくは両方が再婚という夫婦なのだそうです〈厚生労働省「平成18年度　婚姻に関する統計」〉）。

というわけで、「安心して乗っていれば受け身でも子育てまでたどりつく」、そういうベルトコンベアは、なくなってしまいました。

お母さんがお母さんになった時代のように、ごく自然に、気がついたら結婚して専業主婦になって、お母さんになっていた……というのは現代のおとぎ話だと思ったほうがよさそうです。

では男性の人生はどうでしょう？　男性は「就職したら一生働く」という役割を期待されてきました。しかし、「男性だって「仕事をやめたり」「働けなくなったり」することがあります。一家の大黒柱としてサイボーグのように壊れない保証があるわけではない。女性に仕事をしたりしなかったりする自由があるなら、男性だって同じです。男性のライフコースも「一生一家の大黒柱として働く」以外の多様なライフコースが出てきています。男性だけが役割に縛られる時代ではないのです。

多様性の時代

男性も女性も、いくつで結婚して、出産してという一律のライフコースではなくなりました。そうなってくると、家族も多様になります。

・三世代同居（減少傾向。近居、母方も）
・ひとり親家庭（8世帯に1世帯）
・片働き、共働き（共働きが多数派に）
・主夫家庭
・養子縁組、里親家庭
・事実婚家庭（籍は入れていない。ヨーロッパでは多数派、5割以上のところも）
・同性婚（日本ではパートナーシップ条例。欧米では同性同士の結婚も、子育てもできるところも）

先日会った女性同士のカップルは、パートナーに子どもがいて、2人で子育てをしているそうです。また独身で生涯を過ごす人も珍しくなく、シェアハウスなどのゆるいつながりで、シングル同士がひとつ屋根の下ということもある。誰の選択も、それぞれが選んだものです。お互いに尊重しましょう。

お母さんが「お母さんになった」時代とは違います
受け身でいても周りはお膳立てをしてくれません

④あなたの将来「なりたい自分」は？

10年後のあなたは？

「10年後になりたい自分・チェック表」を用意しました。ぜひ、それぞれの項目について、「あり」「なし」どちらかにチェックマークを書き込んでください。10年後、自分は仕事をしているかな、結婚しているかな、子どもを持っているのかな……。もちろん、どちらにチェックマークをするのもあなたの人生。まったく自由です。

今という時代は、仕事も結婚も子どもも、ほしいものは意識的に努力しないと手に入らなくなっています。特に「妊活」について、私は、単に不妊治療をするというような意味ではなく、「意志をもって授かること」だと考えています。

図6　10年後になりたい自分は？ → 31歳

	あり	なし
仕事	☑	☐
結婚	☑	☐
子ども	☐	☑

妊娠というのは、最後は神様からの贈り物です。努力が必ずしも結果につながるというわけではありませんが、そこに意志をもって近づく努力なら、自分でできることもある。それが妊活なのです。

「産まない自由」はありますが……

お母さんの時代と違って、産むことも結婚することも、今は決して義務ではありません。「女性は産む機械だ」なんて非常識なことを言う人はそろそろ絶滅するでしょう。

もし、みなさんが結婚しないでずっとアイドルを追いかけていても、嘆くのはみなさんのお母さんくらいかもしれません。もし、「私、子どもは産みません」と宣言したとしても、残念ねとため息をつくのはお姑さんぐらいかもしれません。お母さんたちの時代と比べて、「産まない自由」は確保されてきました。

では、「若いうちに産んで仕事もしながら子育てをして生きていく自由」が確保されているかというと、ここに厳しい現実があるのです。「産む自由」こそ阻害されている現代、ハードルを越えていくための戦略が必要です。

4つのハードルを越えて

1つめのハードルは、「知識不足」。日本は性教育が非常に遅れているので、妊娠についての知識が不足しています。高校生にも授業範囲が拡大したので、妊娠を「望むとき」「望まないとき」の場合について両方教えるようにしています。避妊について教えてほしいという声も多く、また多くの学生が間違った知識を持っていました。

避妊については中高生へのセクシャルヘルスの啓発をするNPO法人ピルコ

ンの代表、染矢明日香さんとお話しし、ピルコンのコンテンツを使うこともあります。避妊の方法としては「低用量ピル」と「コンドーム」をピルコンでは推奨していますが、性感染症予防の意味もあり、コンドームがおすすめです。ピルコンは正しいコンドームのつけ方などをYouTubeにアップしています。ピルはコンドームに比べると入手しにくいですが、避妊効果は高く、女性が主体で避妊できるというメリットがあります。子宮内膜症の発症予防の効果もあります。このことも知っておくとよいでしょう。

若い2人が愛し合うのは素晴らしいことですが、男女ともに妊娠、出産、子育てを人生のいつに位置づけるかというのは、とても大事な判断となります。望まないときは男女ともにしっかり避妊する。男性も妊娠させる性としての自覚を持って、子どもを望まないときは避妊をすることが愛するパートナーを守ることでもあり自分自身をも守ることでもあるという意識を持ってもらいたいと思っています。

また最新の内閣府の高校生向けリーフレットでは、避妊や「緊急避妊ピルの効果は72時間以内」などの知見も入っています。正しい知識を持っていれば婦人科医に夜中に駆け込まなくてもいいからです。

そして妊娠を望む人はどうすればいいのか？　また、産める体を、彼氏ができる前からちゃんと大切にしておく、そのための知識も不足しています。

そして2つめのハードルは「結婚（パートナーシップ）」です。欧米と違って、日本では結婚しないカップルから産まれる子ども（婚外子）はわずか2％。結婚をしてから妊娠するか、妊娠をきっかけに授かり婚をするか、いずれにしても出産の前提に結婚というハードルがあるのが日本です。

そして、3つめのハードルは、「仕事と子育ての両立」。これがまた、しにくいんですね。

さらに、ここまで3つのハードルをある程度若いうちに越えていかないと、4つめのハードルとして、加齢による「不妊のリスク」が高くなってしまいます。

これらを越えていく手だてを、ひとつひとつ探っていきましょう。

「妊活」とは意志をもって授かることです
日本では「産む自由」が阻害されています

第2限　産める体のメンテナンス

——齊藤英和

①日本人はあまりにも知らない

若い時期に妊娠を考えてほしい

私は、国立成育医療研究センターで不妊治療を担当しています。

最近は、治療を受ける人の年齢がどんどん高くなっています。たとえば39歳、40歳という年齢で初めて診察を受ける女性も少なくありません。でも、そういった年齢で治療をスタートすると、私たちが一生懸命がんばっても、なかなか妊娠しにくいのが現実です。その人たちが、もし、20代、せめて20代後半から30代前半で赤ちゃんを持とうとしていれば、大半が、私たちの手を借りることなく自然に妊娠できたことでしょう。実際、患者さんから「もっと知識があればよかった」という声を聞くことも少なくありません。

「産む・産まない」は個人的な問題です。しかし、若い時期に、妊娠・出産について正しい知識を持ち、きちんと考えてもらえるような環境にしていこうと、私たちはボランティア授業などの活動をさせてもらっています。

「妊孕性」・妊娠しやすさの知識

早速ですが、図8の「妊孕性《にんようせい》（妊娠しやすさ）に対する正答率（女性・国別）」の調査データを見てください。主要国の女性の正答率を、国別に示してあります。

そもそも、妊娠しやすさを表す「妊孕性」なんていうことばさえ、耳にしたこともないかもしれませんね。ここでは、妊娠しやすさや不妊に関する基本的な知識を、一般の人がどの程度持っているかを調べています。

その内容は「健康的な生活を送っていれば妊娠できる」というような13の質問に、「正しい・まちがっている・わからない」という三択で答えるものです。

ちなみに、今の質問の答えは「まちがっている」。正しくは、「健康的な生活

図7　妊娠成立までの流れ

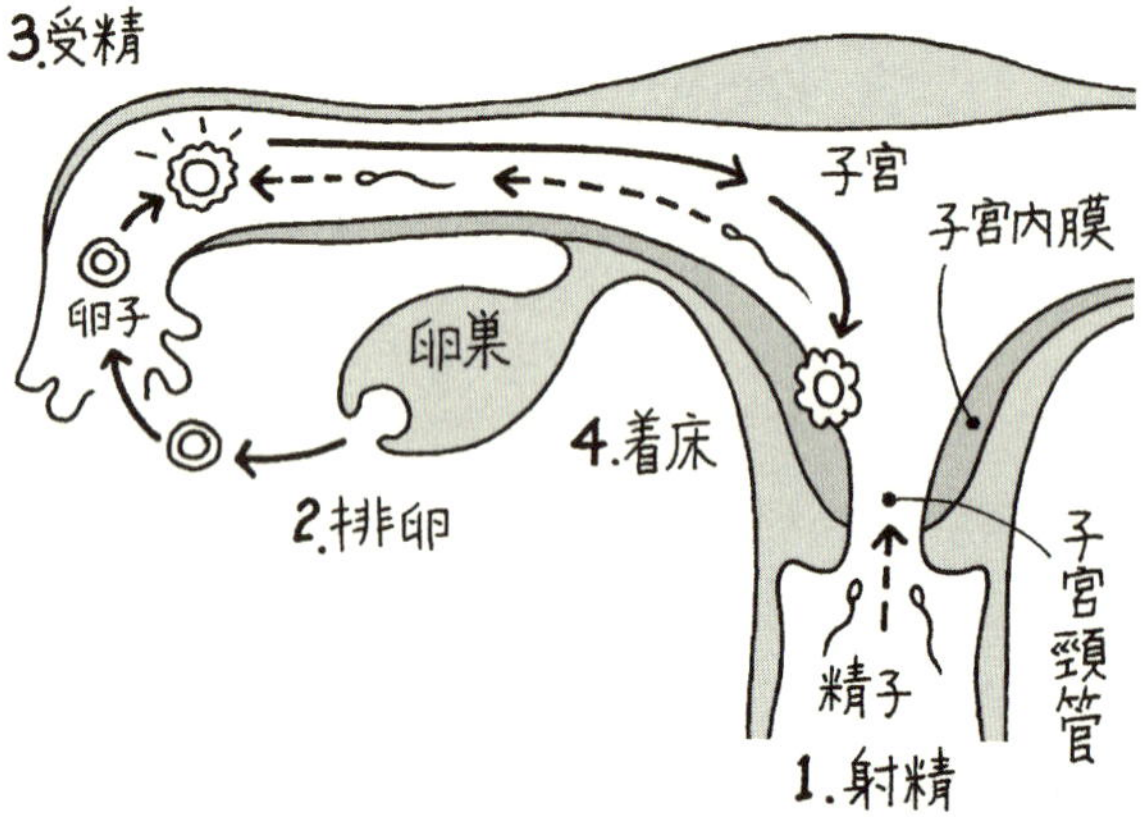

を送っているからといって妊娠できるとは限らない」ということです。そのあたりはこの本を最後まで読んでいただければ、よくわかってくるはずです。

日本人は知らなすぎる

正答率が一番高いのは8割近くが正解のニュージーランド。驚いたことに、日本人の妊娠に関する基礎知識の正答率は下から2番目です。

教育レベルは高いはずの日本で、いかに妊娠に関する教育がなされていないかがわかります。

図8　妊孕性(妊娠しやすさ)についての質問に対する正答率(女性・国別)

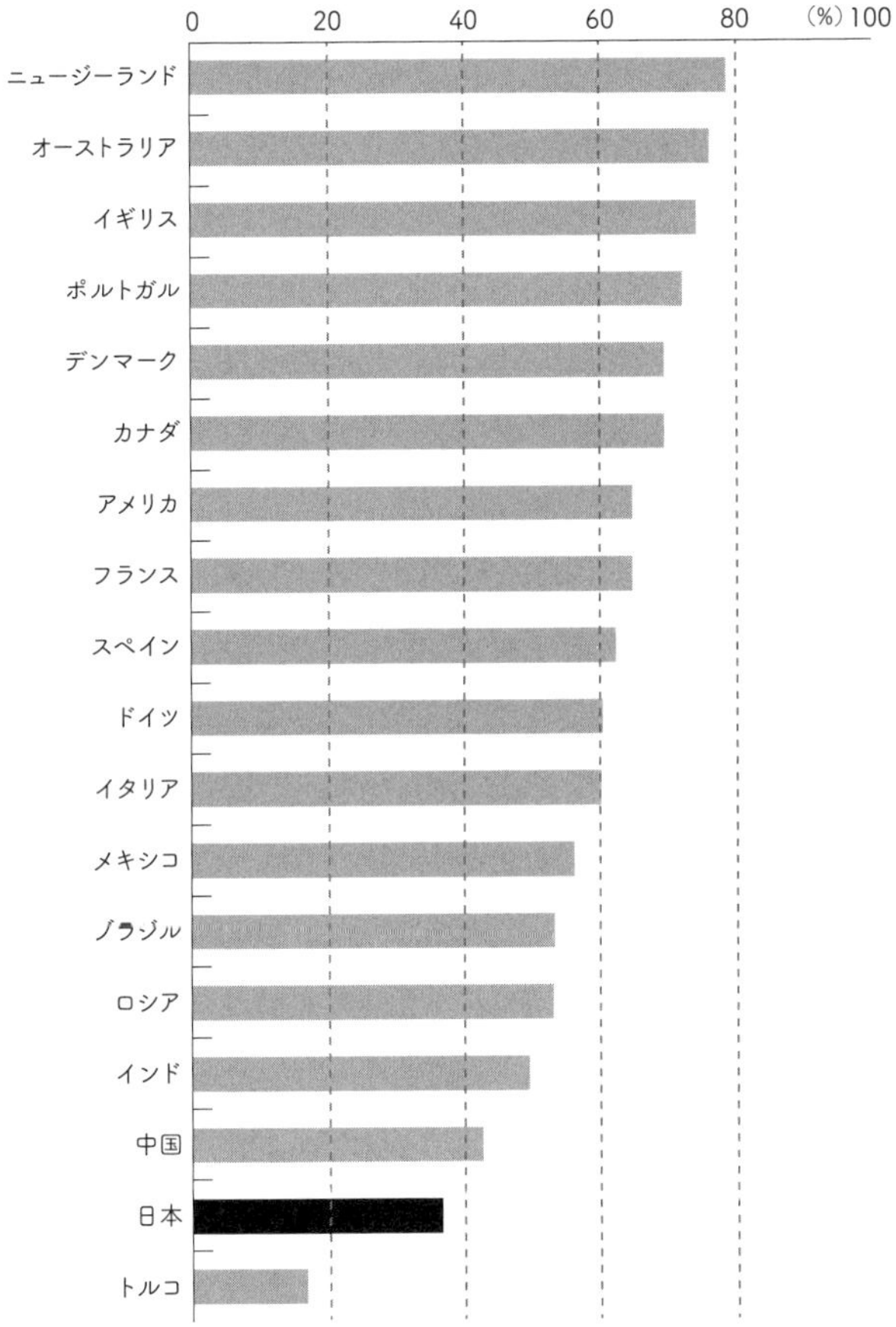

「もっと知っておくべきだった」と後悔する人もいます
日本では「妊娠すること」に関する教育がほとんどなされていません

②いくつで結婚？　子どもは何人？

結婚年齢と子どもの数

今、日本で夫婦が希望する理想の子どもの数はおよそ2・4人といわれています（国立社会保障・人口問題研究所「第14回出生動向基本調査　結婚と出産に関する全国調査」２０１０年）。実は「子どもは１人」と決めているカップルは意外に少なくて、「３人」か「２人」という回答が多いために、平均するとこのくらいの数字になるんですね。

では、現実には何人の子どもを持っているのか、気になりませんか。

調べてみると、女性が結婚する年齢と、生まれる子どもの数に関係がありました。

図9　妻の結婚年齢と子どもを持つ割合

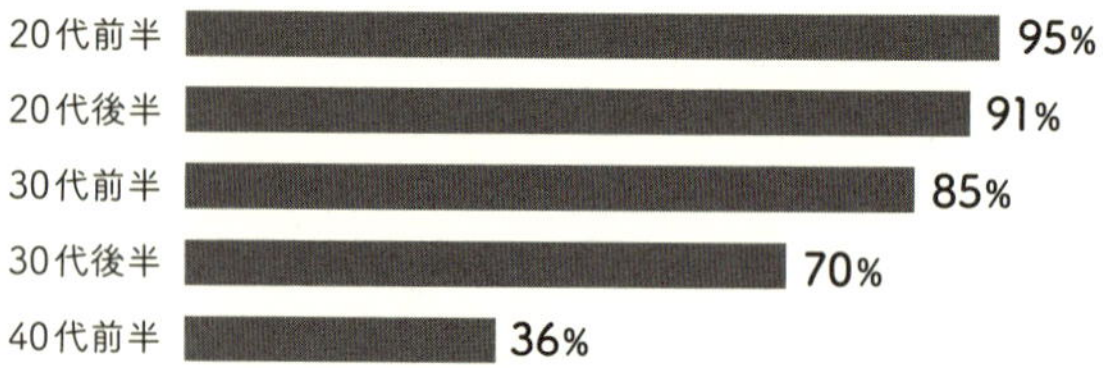

結婚から15年後に何人の子どもを持っているかを調べると、女性が20代前半で結婚した夫婦の子どもは2・09人。一方、30代前半で結婚した夫婦では1・5人。30代後半で結婚した夫婦では1・16人。

20代前半で結婚しても、理想の2・4人には届いていないことがわかります。

20代で結婚すると9割がお母さん

図9で示すように、女性が20代前半で結婚すると95%がお母さんになります（生涯不妊率5%）。20代後半でも91%ですが、30代前半では85%、30代後半では70%がお母さん。逆に30代後半の生涯不妊率は30%となって、20代前半の6倍という計算になります。

さらに、40歳すぎの結婚では、お母さんになるのはわずか36％でした。

女性の年齢が上がるにしたがって確実に妊娠しないカップルが増えていることがわかります。つまり、子どもがほしくて不妊治療をする人も、年齢がすすむほど多くなるというわけです。

出産適齢期は20～30代前半

「妊娠・出産に適齢期はありますか？」と聞かれれば、確かにあります。

あまり苦労せずに妊娠できて、妊娠期間中は健康に過ごせ、出産のトラブルも少なく、育児の体力もバッチリ。もちろん、赤ちゃんが健康に生まれてくることも大切です。

周産期死亡率（死産になったり、生まれてすぐの赤ちゃんが死亡したりする割合。1000人に対して数人の発生頻度）や、妊産婦死亡率（妊娠・出産で女性が亡くなる割合。10万人に対して数人の発生頻度）に関して、日本の医療水準は高く、世界でもトップクラスの安心レベルです。それでも、母体の年齢によって、安心度に差があります。

よく知られているのが、ダウン症などの染色体異常の赤ちゃんが生まれる頻度。図10は、女性の年齢による、ダウン症を含むすべての染色体異常を持つ子どもが生まれるリスクを表しています。女性がどんな年齢でも染色体異常の赤ちゃんが生まれる可能性はありますが、40歳をすぎると急激に上昇することがわかります。

同様に、自然流産率も女性の年齢で変化します。30代前半で10%ほど。30代後半で20%程度、40代からは40%以上が流産になるといわれています。

赤ちゃんが亡くなる周産期死亡率も母体の年齢で変化します。10代の女性でやや高く、20代から30代前半までは安定して低く比較的安心です。30代後半から上昇し、40歳では20代の倍、43歳以降ではさらに倍となります。

妊娠中のトラブルも年齢で変化します。妊娠高血圧症候群を発祥する頻度は、20〜39歳を1とすると40歳で2・5倍。妊産婦死亡率は20歳で10万人あたり1・4人、30歳で3・3人ですが、40歳では11・6人、43歳では38・0人。

図10　女性の年齢と子どもの染色体異常のリスク

母の年齢（歳）	頻度
20	1/526
25	1/476
30	1/384
35	1/192
38	1/102
40	1/66
42	1/42
44	1/26
46	1/16
48	1/10

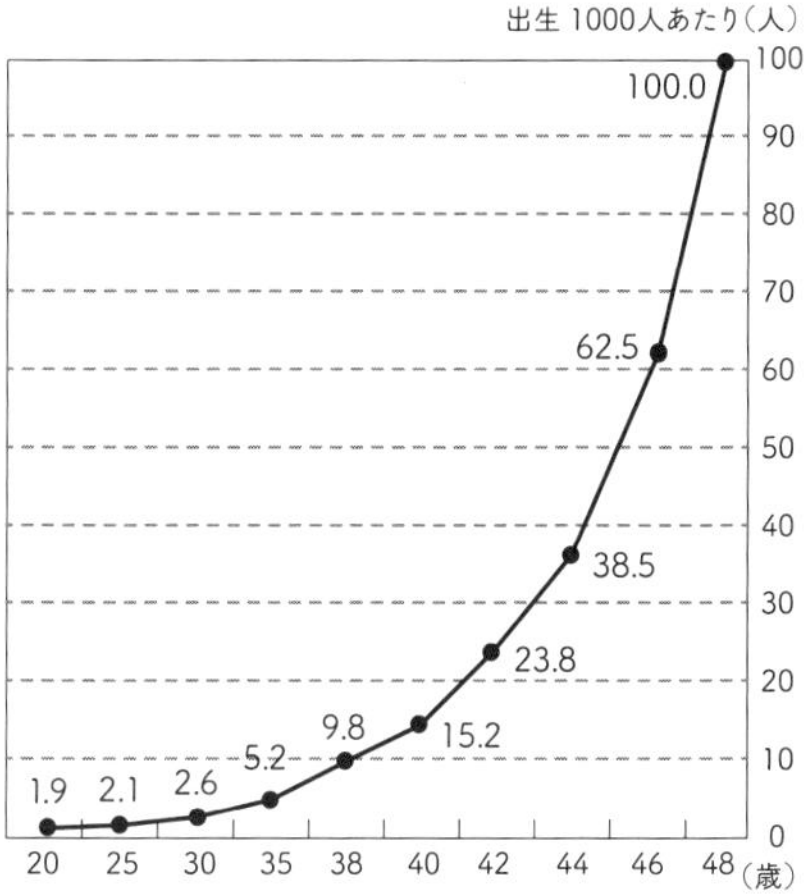

これらを総合して考えると、健康に生み育てる妊娠・出産適齢期は20代から30代前半ぐらいといえそうです。特に不妊治療に携わる私の立場としては、「20代で第1子出産」を目標にするくらいがよいと思っています。

「出産適齢期」は確かにあります
理想をいえば、
20代で第1子出産を目標に！

③卵子の年齢はあなたの年齢＋1歳

生殖能力と老化

小中高と、みなさんが学校で習ってきたのは成長発達の一環としての生殖能力がメイン。「徐々に妊娠できる能力が育ち、子どもをつくることもできるようになりますよ」と、そういう勉強をしてきたと思います。

生殖というと、これから先に伸びていく発展的なイメージがありますが、同時に生殖能力にはピークがあって、その後衰えていく一面もあるのです。

卵子は老化し、減り続ける

よく使われる、卵子の数の変化を表した図（62ページ）を紹介しましょう。

卵子は、みなさんが胎児としてお母さんのおなかにいたときが一番多いのです。胎児のピーク時には700万個ありますが、おぎゃーと生まれるころにはすでに200万個くらいに減っています。生理が始まるころで20〜30万個。今あなたの卵子が20〜30万個あっても、閉経を迎える50歳前後（生理が終わるころ）には、ゼロになります。ゼロになると、自然に妊娠することはありません。卵子はすごいスピードで一方的に減り続けます。母体から生まれ出た後、再生されることはないのです。

これは病気ではありません。正常な人の体の中でこういう変化があると理解してください。卵子の年齢は、あなたの年齢＋1歳。あなたが20歳なら、今月排卵された卵子は、あなたが胎児だった21年前にできたもの。40歳なら41年前のものです。

卵子がどのくらい残っているか

卵子の減るスピードには個人差があります。特に、不妊に悩む人にとっては

図11　卵子の数の変化

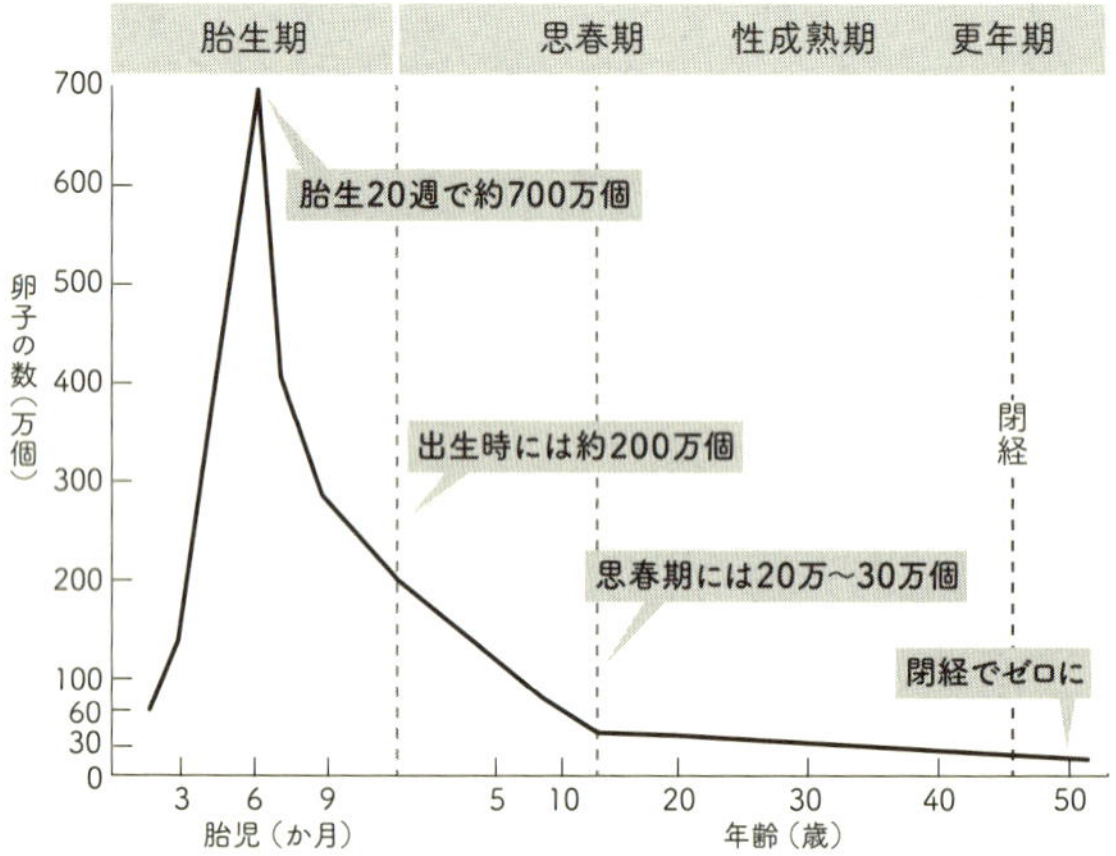

治療の結果を左右するため、残っている卵子の情報はたいへん重要です。

卵巣の中を直接のぞいてみることはできませんが、2004年ごろ発見されたAMHというホルモンの数値が、卵巣に残っている卵子の数を反映することがわかってきました。アンチ・ミューラリアン・ホルモン（抗ミューラー管ホルモン）とも呼ばれるこのホルモン値は、血液検査でチェックできます。

年齢とAMHの値の関連を表した図12をみてください。横軸が女性の年齢、縦軸がAMHの値です。平均

図12　女性の年齢とＡＭＨの値

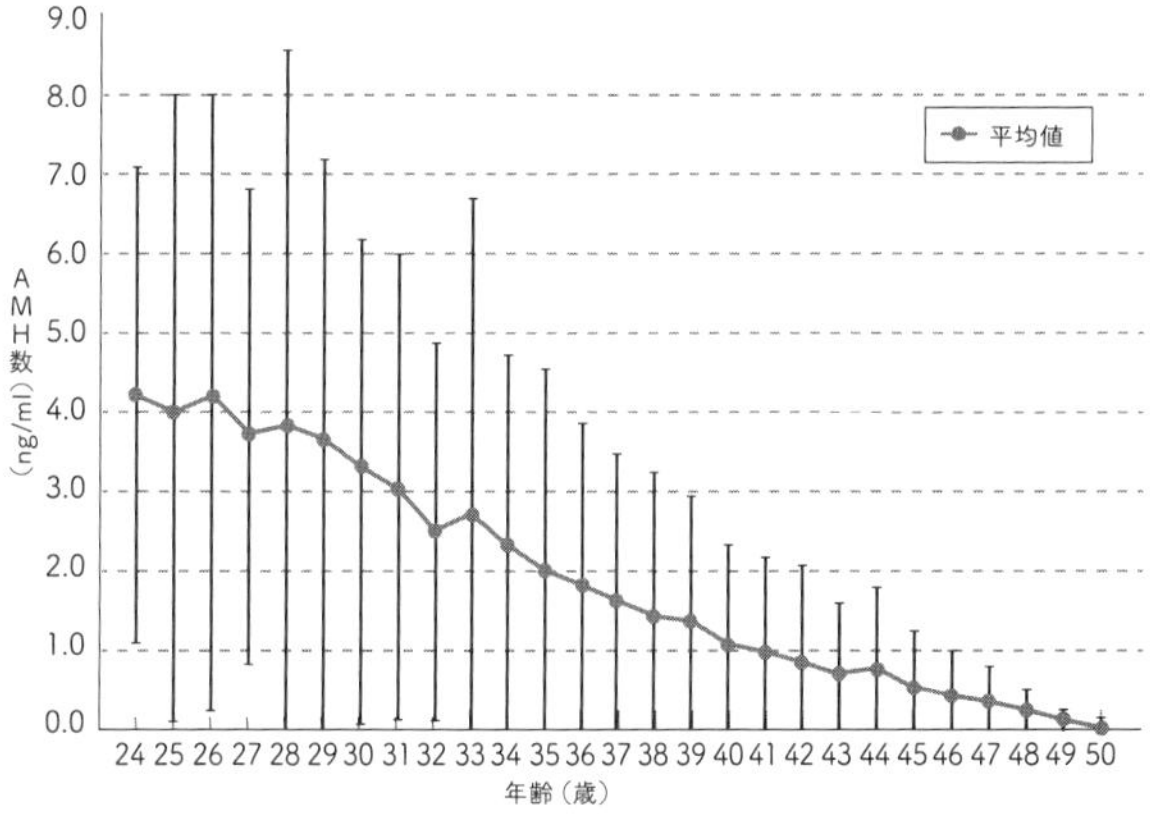

値をたどると、若いほうがホルモン値が高く、年をとるにつれてホルモン値が低くなってゼロに近づくのがわかります。これが卵子の数を表しているわけです。

注意したいのが、同じ年齢でもホルモン値に大きなばらつきがあること。個人差が大きいのです。

妊娠適齢期の25歳をみてください。平均値は高く、まだ安心といえます。しかし、同じ25歳でも分布の一番下に位置する人は、50歳の平均値に近い値です。つまり、20代でも閉経間近の人と同じ程度の卵子しか残っていない人もいるのです。

逆に44歳のところをみてください。ばらつきの上のほうに、ごく少数ですが30代前半の平均値と同じくらいの卵子を持つ人もいます。これなら妊娠が可能でしょう。つまり、著名人が44歳で産んだときいて、「では自分も」と安心してはいけない。……これが卵子老化の不思議なところなのです。

医師の私でも、みなさんの顔を見るだけでは「この人は卵子をたくさん持っている」とか、「この人はあまり残っていないだろう」などと予想はできません。最終的に卵子はゼロになりますが、平均より早くゼロになる人もいることは、心にとめておいてください。

卵子はすごいスピードで減り続けます
卵子の残りがわかるホルモン値は、個人差が大きい

④妊娠適齢期と実際に産む時期のズレ

初産の平均年齢が30代に

日本では、近年、妊娠適齢期と、実際に妊娠する時期がどんどんずれてきています。

みなさんのお母さんの時代か、その少し前になるでしょうか、１９８９年には26歳で結婚して27歳で第１子を産むのがスタンダードでした。ところが20年後には、28・６歳で結婚して、初産が29・７歳。さらに２０１１年には、初産年齢の平均が30・６歳となりました。ついに初産年齢の平均が30代に突入したのです（厚生労働省「人口動態統計」「出生に関する統計」）。20年あまりで初産の平均年齢が３歳上がる……。「たかが３歳」と思いますか？

急速に高齢化している日本

図13は、ＯＥＣＤ加盟国の平均初産年齢です。日本のデータは２００５年のものですが、それでも日本は29・１歳とかなり高齢で産む国になっています。

２０１１年には日本の初産平均年齢は30歳を超えているわけです。30・６歳はこの図でも最高ランクですね。日本は、急速に、世界でも最も遅く産む国のひとつになっています。

平均値が３年上がっても、妊娠する能力が衰えなければよいのですが、妊娠する能力は少しずつ落ちてきます。早く落ちる人もいますし、遅く落ちる人もいます。「産みたい年齢」が高齢化すればするほど、妊娠しにくさに悩む人も確実に増えていくのです。

ベストタイミングでの妊娠率

そもそも健康な男女にとって、自然に妊娠する確率とは、どのくらいなのでしょう。そしてそれは年齢によってどう変化するのでしょう。それをわかりや

図13　OECD加盟国の第1子出生平均年齢

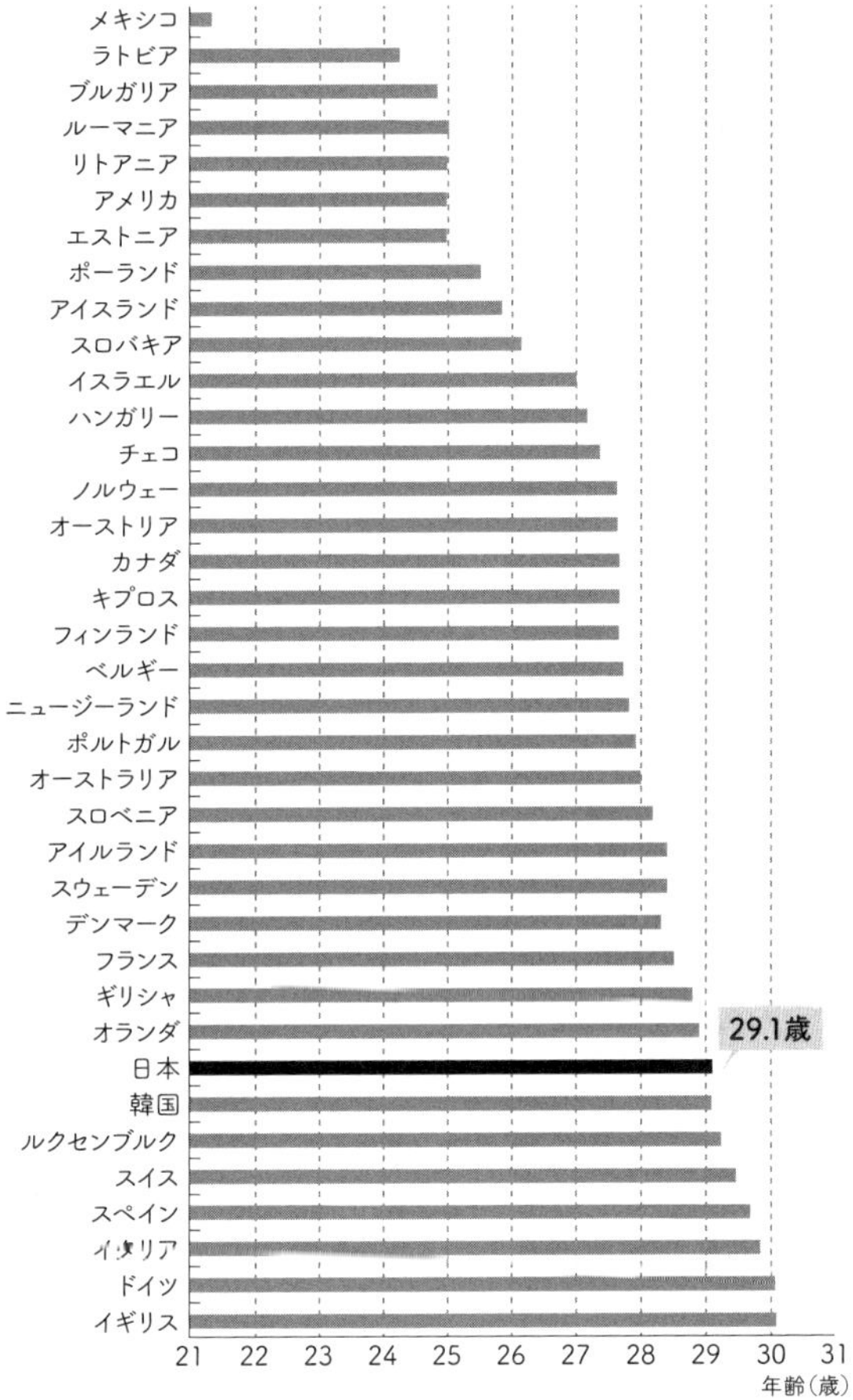
メキシコ
ラトビア
ブルガリア
ルーマニア
リトアニア
アメリカ
エストニア
ポーランド
アイスランド
スロバキア
イスラエル
ハンガリー
チェコ
ノルウェー
オーストリア
カナダ
キプロス
フィンランド
ベルギー
ニュージーランド
ポルトガル
オーストラリア
スロベニア
アイルランド
スウェーデン
デンマーク
フランス
ギリシャ
オランダ
日本
韓国
ルクセンブルク
スイス
スペイン
イタリア
ドイツ
イギリス
29.1歳
21
22
23
24
25
26
27
28
29
30
31
年齢（歳）

すく教えてくれるのが、図14です。ヨーロッパの専門雑誌に掲載されていた、たいへん珍しい調査です。

健康な男女が排卵日にあわせて避妊をせずにセックスしたとき（これを「タイミングをとる」と表現します）に、どのくらいの頻度で妊娠するか。それを大量のデータで表したものです。女性の年齢によって、19〜26歳、27〜34歳、35〜39歳の3群に分けています。

若い19〜26歳の群では、排卵の一番よい日にタイミングをとると5割くらい妊娠することがわかります。これはなかなかすごい妊娠率です。

27〜34歳の群では、一番よい日にタイミングをとっても、妊娠するのは4割。ここに日本女性の「産みたい年齢」が入ってきているわけですが、すでに妊娠しやすさにかげりが出ています。これが35〜39歳の群になると、一番よい日にタイミングをとっても、妊娠できるのは3割。

妊娠する力は20代後半から落ち始め、30代後半になるとさらに低下します。

図14　年齢別にみる性交のタイミングと妊娠率の関係

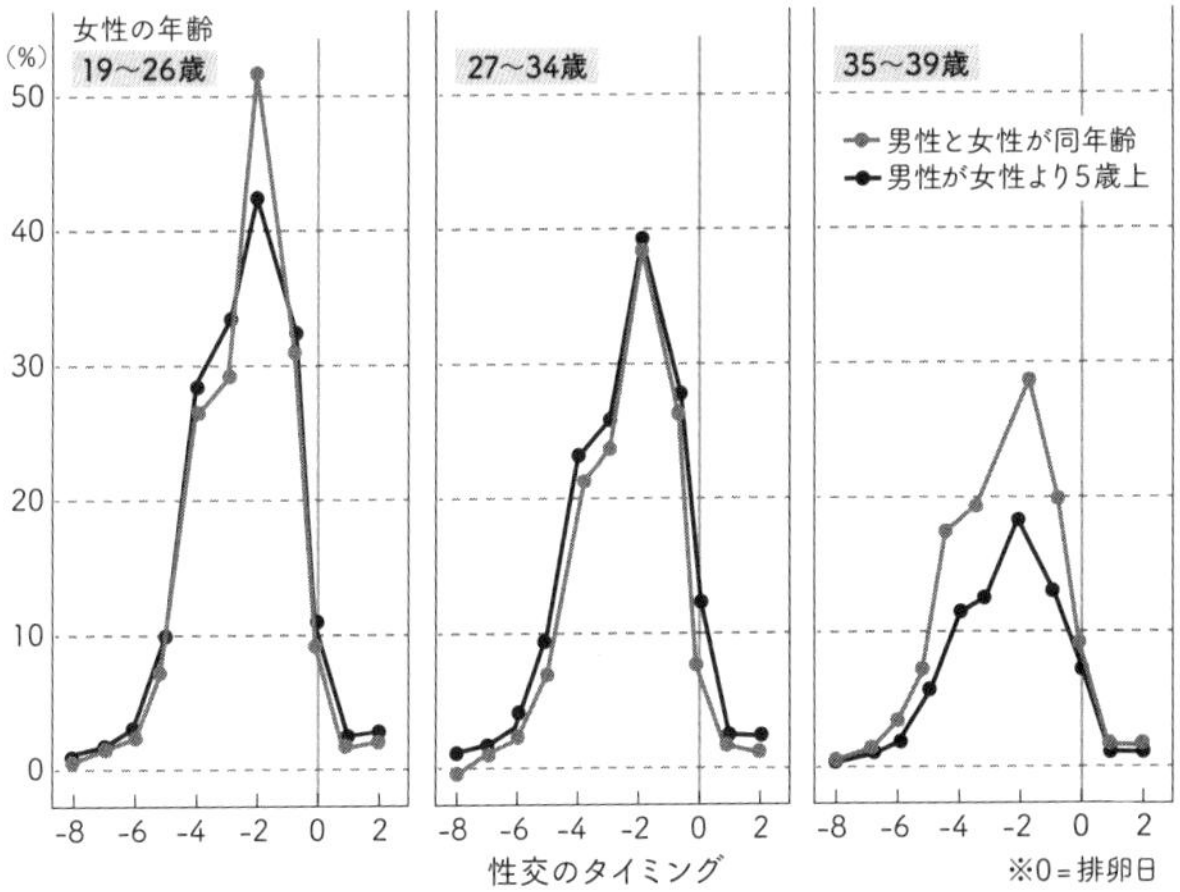

男性の年齢と妊娠率の低下

男女が同年齢のグループと男性が女性より５歳年上のグループの２つのでデータを比較してみましょう。すると、女性35歳以上の群で、男性が５歳年上のグループ（つまり、男性が40歳以上となります）では、ピークの妊娠率が２割と、さらに下がることがわかります。男性の年齢も、妊娠率の低下に関与しているのです。

⑤少子化対策、男性の心がまえ

男性の加齢と妊孕力（相手の女性を妊娠させる能力）の変化

今まで妊娠に適した時期に関しては女性の加齢に伴う妊孕性（妊娠する能力）との関係についてお話ししてきました。しかし、ここでは男性の加齢が妊孕性（男性の場合は、相手の女性に妊娠してもらえる能力でしょうか）にどのような影響を及ぼすかお話ししたいと思います。ニュースなどで高齢の男性著名人に赤ちゃんが誕生したことをよく聞いていると思うので、たぶんみなさんは女性に比べると男性はいつまでも妊孕性があるのではと思っておられると思います。しかし、最近、男性においても女性と同様に加齢に伴って妊孕性が低下することがわかってきました。そこでこの章では、この男性の妊孕性の低下につ

図15　男性が若いと早く妊娠する

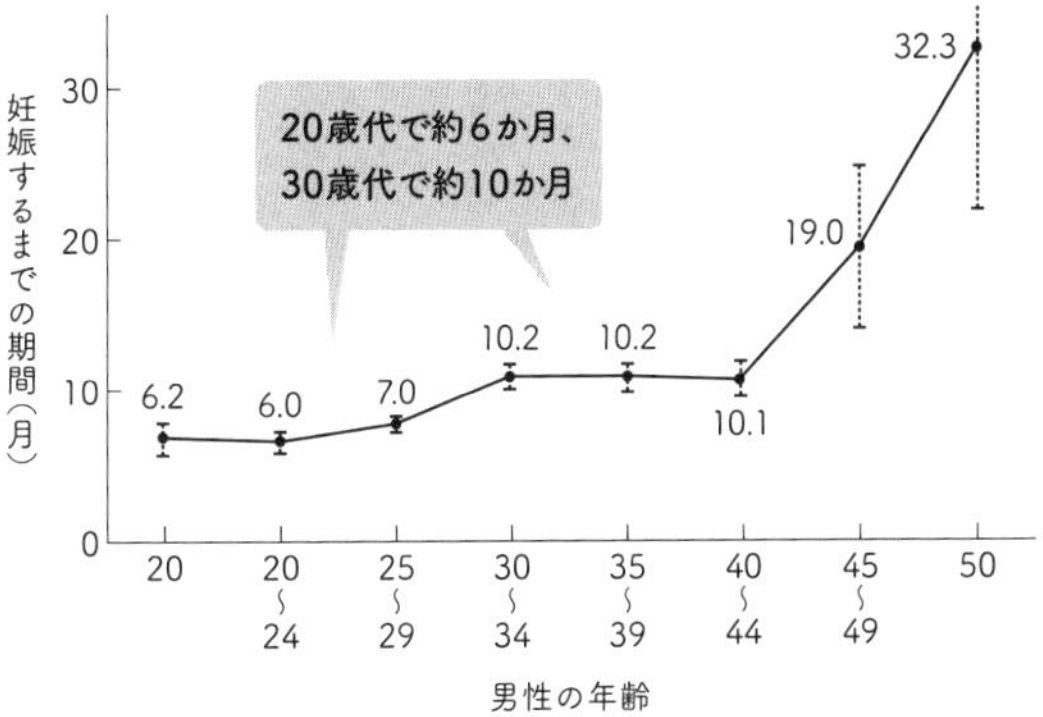

いてお話ししたいと思います。

1．相手の女性が妊娠に至るまでに要する期間

まず図15のグラフを見てください。これは男性の年齢と相手の方が妊娠に至るまでに要する期間との関係を示したグラフです。このグラフでは、横軸は男性の年齢で縦軸が相手の女性が妊娠するまでに要した期間を示しています。20歳代までだと妊娠しようと頑張り始めて平均約6か月で相手の方が妊娠しますが、30歳代から40歳代の前半だと相手の方が妊娠するのに平均約10か月かかります。男性

が40歳代の後半だと1年半ぐらいかかり、50歳以上だと2年半ぐらいかかることがわかります。すなわち男性の年齢が高くなるにつれて子どもがほしいと頑張っても相手の方が妊娠するまでの期間が延びることがわかります。このことから、男性の年齢が高くなるにつれて、男性自身も妊孕性に関わる能力が低下することがわかります。このとき、たぶんみなさんが疑問に思われるのが、一般的に男性の年齢が高くなると、相手の女性の年齢も高くなるのではないかということだと思います。一般的にはそのようなケースが多いようですが、これから示すグラフに関しては、女性の年齢を補正してあり、男性の妊孕性に関わる能力についてのみのものだと考えてください。

2．流産リスク

さて、次は相手の女性の方が妊娠した後の流産のリスクについてお話ししましょう。このグラフ（図16）は男性の年齢と相手の女性が妊娠後流産する確率を示したグラフです。横軸は同じく男性の年齢です。縦軸は相手の女性の流産

図16　男性の年齢と流産リスク

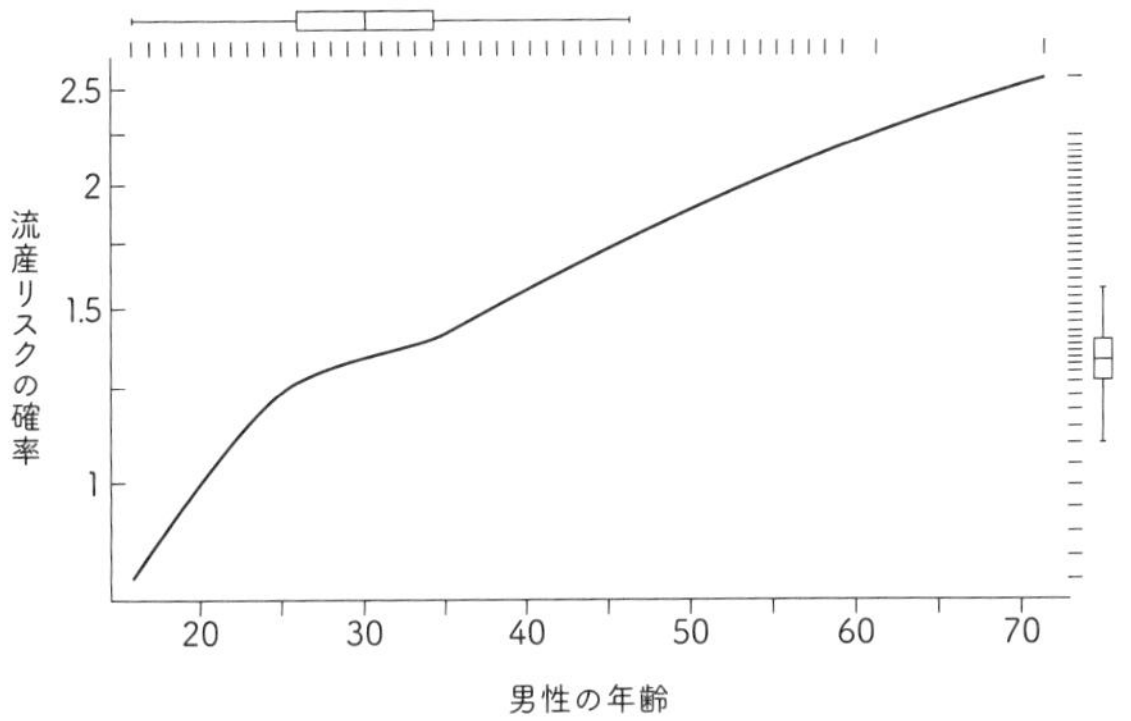

リスク比ですが、20歳のときを1としています。このグラフを見てみるとわかるように、男性の年齢が高くなるにつれて妊娠した相手の女性が流産する確率が高くなります。

3．児の先天異常のリスク

さて、次は出産した児の先天異常のリスクについてお話ししましょう。図17のグラフは、男性の年齢と妊娠してくれた相手の方が産んだ赤ちゃんの先天異常のリスクを示しています。このグラフでは対照年齢を25歳から29歳として、この年齢と他の年齢の先天異常のリスクを比較

図17　男性の加齢と先天異常

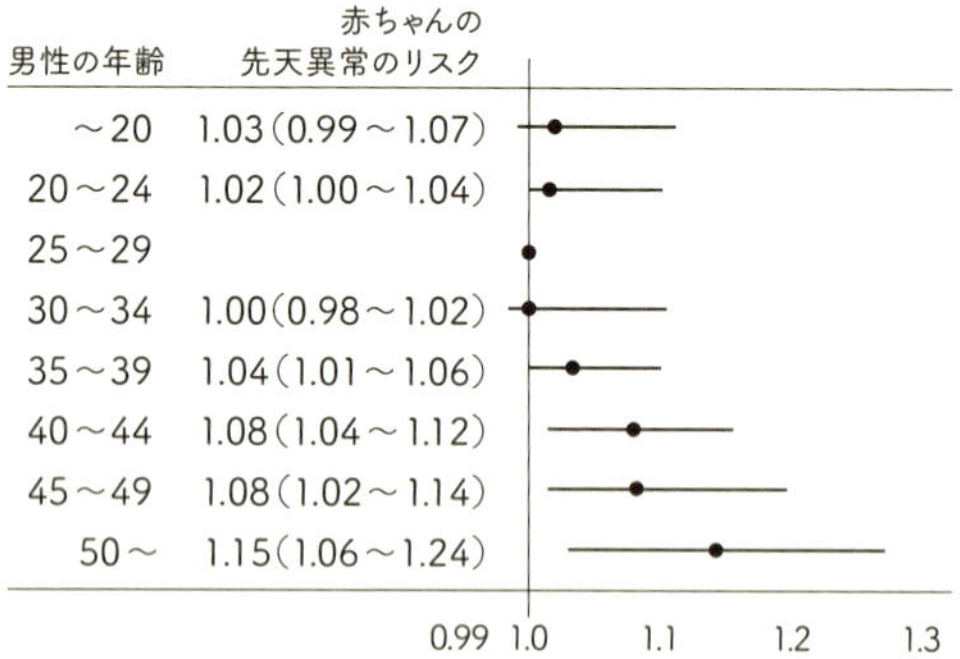

しています。25〜29歳よりも若い方では少し先天異常のリスクが増えてきますが、明らかに増えるのは20歳以下です。20歳以下では男性でも身体的発達の未熟性により相手の女性が産んでくれる児の先天異常リスクは高まります。また、30歳以上の方でも、年齢が高くなるにつれて相手の方が産んでくれる児の先天異常の確率が高くなります。これは加齢に伴う影響ということができると思います。

4．男性の加齢と精子の質

次は男性の年齢と精子の質についてお話ししましょう。この図はとても大切で

図18　男性の加齢と精子の質の劣化

	40歳未満	40歳以上	両群の差
患者数	107	41	無し
精子濃度（×106/ml）	95±6	99±58	無し
精子運動率（%）	61±14	58±17	無し
正常形態精子率	8±2	7±4	無し
精子遺伝子の断片化（%）	12±8	17±13	**有り**

す。男性の年齢が40歳未満の方と40歳以上の方の2つの群に分けて両者を比較しました。その結果、精子濃度や精子運動率、正常形態精子率には、40歳未満の方と40歳以上の方の間で差を認めませんでした。しかし、精子の遺伝子（ＤＮＡ）の断片化率、すなわち人をつくるための設計図が壊れてしまう確率は、年齢が高い40歳以上の方だと40歳未満の方に比較して上昇していることがわかりました。設計図が壊れてしまうと、妊娠しないこともありますし、妊娠しても流産も増えます。また、生まれたとしても先天異常の児も増えることにもなります。今までお話ししてきた1から3のことが起こるわけです。

しかし、最も注目してほしいことは、設計図であるＤＮＡが大量に壊れなくても何か所かのＤＮＡの配列が変化すること（遺伝子の突然変異）が起こることです。すなわち、加齢とともに精子の遺伝子の突然変異が起こる確率が上がることです。このことに関する研究報告では設計図にミスが出る確率（ＤＮＡの突然変異）は男性の年齢が1歳加齢するにつれて2個増えるといわれています。このことにより、高齢のお父さんから生まれた児ではいろいろな病気が増えることが推測できます。現在までにお父さんの年齢と子どもの病気の発症に関して注目されている報告は、高齢のお父さんから生まれた児では精神疾患が増加するという報告です。すなわち、お父さんの年齢が高齢だとその子どもの自閉症や双極性障害、失調症、ＡＤＨＤ（多動性障害）などの精神疾患が増えることが疫学的調査で報告されています。

5．男性女性の加齢に伴う妊孕性低下の原因の違い

このように男性においても加齢に伴い妊娠する能力が落ちることが明らかになってきましたので、男性女性は両方とも、加齢に伴う妊孕性の低下について

気をつける必要があることがわかります。しかし、この妊孕性低下が起こる原因は男性と女性では少し異なっています。

女性の場合は、すべての卵子のもとの細胞はお母さんのおなかの中にいる妊娠5月ごろまでに約20回の分裂を繰り返し、おおよそ700万個の細胞（一次卵母細胞）が作られます。その後、成熟し排卵する時期まで、じっと成熟を止め待っているので、作られてから実際に排卵するまでの期間は、年齢＋1歳となります。ですので、高齢になればなるほど、卵子のもとの細胞は作られてからの期間が長くなります。この排卵までの長い期間に、卵子のもとの細胞数が減ります。もう1つの変化は、卵子のもとの細胞が持つ遺伝情報（DNA）を運ぶ染色体が、成熟卵子が作られるときに、正確かつ均等に運搬されず染色体数が正常の数よりも多い、または少ない卵子が形成されることが頻繁に起こるようになることです。すなわち卵子の質の低下が起こります。この原因によって女性の妊孕力の低下（不妊、流産、児の先天異常）が起こっています。

一方、男性の場合は、お母さんのおなかの中にいるときに、30回ぐらい分裂し精子のもととなる細胞の数を増やします。その後、いったん分裂を停止しますが、思春期以降に分裂を開始し成熟精子を作るようになります。ですので、女性と異なり、男性の場合精子は常に作られているので、作られてから間もない精子が常に射精されていると考えられており、女性のような、長期間の保存による障害はないと考えられていました。しかし、最近よく調べてみると、男性も加齢すると、その子どもに影響する変化が報告されるようになりました。

その1つは前述の、男性が1歳加齢すると、DNAの突然変異が2個増えるという発見です。この突然変異が起こる原因は、精子は卵子に比較して分裂回数が多いことが一因です。卵子は先に述べたように約20回の分裂しかしませんが、精子は胎児のころに約30回、思春期から分裂を再開し16日に1回、すなわち年に約23回分裂します。たとえば、思春期を13歳として今40歳だと（40－13）×23＝621回の分裂が起こった細胞から精子が作られていることになります。分裂はまったく同じDNAの複製をするのですが、時に少し間違えます。それが1年間に約2個の突然変異が起こることになる理由です。年齢が高くなるほど、さらにその数は増えます。この突然変異がよほど生命維持に重要でなければ、突然変異を持ちながら子どもが生まれてくることになります。この突然変異は、出生したときにすぐわかる変異もあれば、成長してから現れる変異もあります。また、死ぬまで現れないこともあります。成長してから現れる変異として、先に述べたように、「高齢のお父さんから生まれた児に精神疾患が出る確率が増加する」ことがわかってきました。

これらのことから、男性においても、加齢に伴う妊孕性への影響の仕方は女性とは異なりますが、高齢になることは確実に妊孕性に影響を与えます。よって、男女両方が、この加齢の影響についても考えていただきたいと思います。

妊娠率は20代後半からかげりが出て、30代後半でさらに低下
男性の年齢も、妊娠率の低下と関係があります

コラム●男性はこの問題にどう向き合えばいいのか？／白河桃子

パートナーの心のうちを知る

さて、齊藤先生のパートを読んで、男性のみなさんはちょっとびっくりしているのではないでしょうか？　今まで聞いたこともない最新の知見です。

でも過度にナーバスになる必要はありません。女性は中学や高校のころから「年齢と子どもを持つ可能性」について向き合ってきているので、男性だって向き合うことはできます。

なぜ、このようなことを言うのかといえば、男性も知るべき正しい知識だから。そして、あなたのパートナーである女性たちの心のうちを、少しでも想像してほしいからです。

ある男性はこう言っていました。

「卵子の老化について本を読んで愕然とした。なんで今までこんな大切なことを知らなかったんだ。男は馬鹿だ」と。

なぜなら彼は30歳のころ、大好きな彼女との別れを経験していたからです。当時彼は会社を立ち上げたばかりで、その会社を一生懸命やること、軌道にのせること、それが彼女との2人の未来につながっていると信じていました。もちろん、何も言わずとも彼女も理解してくれていると思っていました。

しかし、彼女は何も言わず去っていきました。本当に大好きな女性だったので、そのことを今でもトラウマとして引きずっています。そして彼は何年かして、ふとしたことから「卵子の老化、妊娠の適齢期」についての本を読むことになりました。

初めて、自分が仕事に夢中だったあのころ、彼女の心のうちには「お母さんになるタイムリミットを刻む時計」がチクタク動いていたことを知ったのです。同じ時間を過ごしていても、「妊娠の適齢期」について、知っている人と知らない人ではまったく違う時間が動いている。彼女だってすぐに結婚したい、子どもがほしいというつもりはなかったのかもしれません。彼女はその時計ごと、2人の「未来」について共有したかったのだと思います。彼がのちのち抱えるトラウマの原因、「こんな大事なことをなぜ知らなかったんだ」という深い後悔の原因は、知っていることと知らないことの違いだったのです。

男性は自分で産むわけではないので、女性よりもこの問題に関しては「自分ごと」としての意識が薄いかもしれません。でもこの本を読んだあなたはもう知っています。男性にも女性にも「妊娠出産に適した時期がある」ということを。

ぜひ好きな人ができたら、この本で読んだことを思い出してください。そして話し合ってください。2人でどんな人生を共有していきたいか。

特に28歳は大事なときです。そのぐらいの年齢の女性は「子どもをいつ持つか」ということを考えています。「産むと働く」の狭間で揺れます。

それは「自分ひとりで子育てをがんばらなくてはいけない」と思っているからです。「どうせ、男性は仕事があるから、あまり頼りにならない」と思っているかもしれません。それは彼女のお父さんがそうだったからです。

しかしあなたがちゃんと「一緒に子育てしていこう」と言ってくれるだけで、救われます。未来を共有できます。

そして男性にとっても、「私も働くから一緒にやっていこう」と女性が言ってくれたらどうでしょうか？　「妻子をひとりで養う」という重荷が少し楽になりませんか？

「働くしか選択肢がない」男性も辛い

「働く」か「子育てするか」、二択を迫られる女性も辛いと思います。

そして今の20代女性は「働くしかない」と、ある程度覚悟を決めています。そして、同じ働くなら「20代にライフイベント（結婚、出産）」をすませたいと思っている人も多い。男性たちは彼女たちのパートナーとして、かなり早い時期の決断を迫られると思います。

2人で仕事、子育てをシェアできたら、その時々でさまざまな選択肢が広がりませんか？

たとえばあなたが何かのチャレンジをしたいとします。「自分はまだまだやりたいことがあるから結婚はまだ先だな」というのは昔の選択肢。一回話をしてみたらどうでしょう？

あなたのチャレンジを共有したら、「じゃあ、わたしはこうなりたい。2人でどうやったら、うまくいくかな」と考えてくれる女性もいるでしょう。

しかしその際の大事なところは、彼女の「やりたいこと」もしっかりと視野に入れること。特に「産む」×「子育て」を無視することはできません。

私が顧問をしている「主夫の友」には、彼女のやりたいことを先に優先して、主夫になった男性がいます。

東大卒のカップルで彼女は研究者。彼はメーカーの技術者。2人で話し合った結果、「今休めないのは彼女のほうだ」とわかり、彼は会社で初めて男性で育休をとり、結局彼女のアメリカ赴任のために会社をやめます。今は子育てをしながら、翻訳業をしています。

極端な例でしょうか？　でも極端な例を見ると、確実に視野が広がります。

かつてなら「妻が仕事をあきらめて子育てに専念」「男性は子育てをせずに、妻子を養うために、ものすごく働く」という選択肢しかなかったのに、今は違うんですね。

「一生働くしか選択肢のない男性」も辛いし、「子育ての責任をひとりで背負う女性」も辛いと思います。若い人たちと話をすると、男性だって、女性だって、ひとりでモヤモヤと悩んでいます。なぜなら「未来」に正解はないのですから。

でも正解のないことも、未来を2人分で考えると、1人分の人生よりも、可能性が広がる感じがしませんか？

　みなさんのお父さんとお母さんの時代は、「男はもっぱら稼ぎ、女はもっぱら家事と子育てをする」という時代だったかもしれませんが、今後家庭を持つみなさんは違う家庭を「リ・デザイン」していくことになります。多様な家族が日本の未来を創っていきます。この本をきっかけに、男性のみなさんも仕事だけでなく、どんな家庭をデザインしていくのか、パートナーとどう向き合っていくのか、考え、そしてパートナーがいる人は話し合ってみてください。

⑥体の声をきいて今できること

産める体をキープ

卵子は老化する、妊娠・出産には適齢期がある、などと、生殖医療の側面から厳しいお話をしてきましたが、現実にはさまざまな条件が整わなければ「すぐに子どもを産みましょう」というわけにはいきません。

しかし、今のみなさんにできることもあります。いざお母さんになりたいと思ったときに困ったことにならないように、図19にあげたようなことを注意して生活をしていきましょう。大切なライフイベントをよいコンディションで迎えるために、今からできること、けっこうたくさんありますね。

基本的には、女性としてのサイクルに気をつけること。そして、気軽に相談

図19　産める体を保つために

- 基礎体温を測る
- 生理やおりもの、体の変化に気をつける
- きちんと食べ、眠り、ストレスのない生活をする
- 太りすぎ、やせすぎに注意
- パートナーとラブラブでいる
- 無月経を放置しない
- 産めない時期にはしっかり避妊
- タバコは吸わない、一般健康診断や子宮がん検診を受ける
- 風疹の予防接種は受けておく
- ピルでリズムを整えることもおすすめ

できるマイ産婦人科医を持つとよいと思います。

子宮内膜症に気をつけて

若いうちに妊娠・出産すればあまり問題になりませんが、特に、子どもを遅く産もうとしたときに問題になることの多い疾患が、子宮内膜症です。出産年齢の高齢化で、最近、この疾患で悩む女性が増えています。

子宮内膜はふつう子宮の中にあり、排卵後に厚くなって受精卵が着床するためのふかふかの場所を用意します。そのサイクルで妊娠しなければ、不要になった内膜がはがれて外に出ます。これが1か月に1回、生理になるわけです。

この内膜の細胞が、まれに卵管を伝わっておなかの中（腹膜内）に移動してしまうことがあります。すると、この内膜の細胞が、ホルモンの変化にしたがっておなかの中で増殖し、生理がくるたびに出血を繰り返します。これが子宮内膜症です。おなかの中で出血を繰り返すため、生理痛がひどくなって辛い思いをしたり、卵巣が癒着して卵子が育ちにくくなったり、卵管に入りにくくなったりして、不妊の原因になることもあるのです。

　このトラブルは、生理の回数が多いほど深刻化します。軽度なら薬で生理を止める治療をしたり、場合によっては手術で治療することもあります。また、妊娠・出産を経験すると、その間は内膜の増殖がおさえられるため症状は落ち着き、さらに妊娠しやすいコンディションが保たれるという効果もあるため、早めの妊娠をすすめられることもあります。ピルを服用することにより、子宮内膜症を予防・治療することもできます。

　生理痛がひどい、生理の時期でもないのにつれるような痛みがある、腰痛や性交痛がある、そういう症状があれば、早めに産婦人科を受診してください。

女性としてのサイクルに気をつけて生活しましょう
気軽に相談できるマイ産婦人科医を持ちましょう

第3限

結婚したければ「自活」しよう

——白河桃子

①「結婚したい28歳」その現実は？

適齢期の考え方とは？

前の授業では、みなさんがこの先、子どもがほしいと思ったときに立ちはだかる4つのハードル、その1つめの「知識不足」について、齊藤先生に解説していただきました。

妊娠・出産、そしてそこから始まる長い子育ての期間を考えると、妊娠に適した時期があるとわかります。

医学的には20代前半から34歳が妊娠適齢期です。大学生のみなさんは、遠い将来の話ではないとわかって、愕然としたのではないでしょうか。

本音を言ってしまうと、私は、日本人女性のライフスタイルを考えれば、

「30代前半までに最初の子どもを持つこと」を目標にするのもしかたがないと思っています。今40代のお母さんは5万人といわれていますが、個人差も大きいです。チャレンジはしてほしいですが、若い方が目標をそこに置くことはおすすめしません。

しかし、不妊治療の現場で、日々、厳しい治療を続けているたくさんの女性をみている齊藤先生は、あえて「妊娠適齢期は20代」とおっしゃいます。これはなぜかというと、「30代前半まで」を目標にすると、あっというまに30代後半、40代になってしまい、子どもができにくい状況におちいる人が多いからなんですね。

子どもの前に、まず結婚？

では、どうしたら妊娠適齢期といわれる20代のうちに妊娠・出産ができるのでしょう。そこで登場するのが「結婚（パートナーシップ）」という2つめのハードルです。

事実婚で子どもを産んでも社会的不利益のないフランスなど、必ずしも結婚という形式にこだわらずに出産・子育てをする国や社会の方が多数派です。しかし、日本では、まだ不思議なほど少数派。子どもを持とうと思ったら、まずは結婚したいという人が多い。または妊娠したら「授かり婚」となります。

まずは子どもを持って子育てをして、良いパートナーとして信頼できるなら結婚という順序を踏める西欧に比べると、高いハードルがあります。そのあたりはもう少し柔軟になったほうが子どもを持ちたい人が増えるのではと思うのですが、意外と日本の若い世代も保守的です。

20代後半でも独身が多数派

図20は1960年から2010年の女性の年齢別未婚率のうつりかわりです。1980年代あたりから独身者の比率が上昇していることがわかります。

20代後半の25~29歳で、6割が独身です。妊娠適齢期といっても現実には、結婚していない人のほうが多数派なんですね。30代前半でも3人に1人が独身。

図20　女性の年齢別未婚率の推移

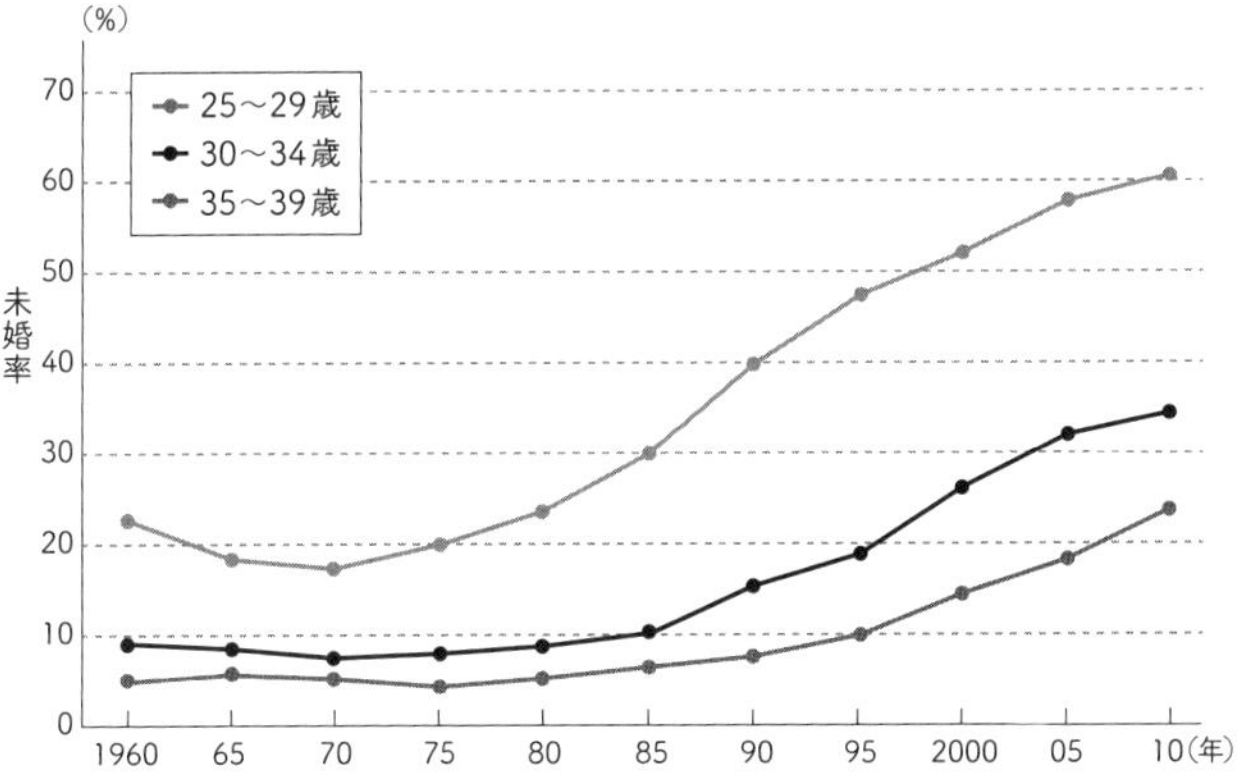

30代後半でも４人に１人が結婚していません。

結婚したい年齢は「28歳」

これら未婚の人は、そもそも結婚したくないから独身でいるのでしょうか。そんなことはありません。

政府の調査（内閣府「結婚・家庭形成に関する意識調査」２０１４年）をみると、「結婚したい」人は全体で77・7%。一方、「結婚するつもりはない」とする割合は、7・0%と１割未満にとどまるという結果でした。また、女性（81・9%）のほうが、男性

（73・2％）よりも「結婚したい」人の割合が高く、男女とも20代のほうが、30代よりも「結婚したい」人の割合が高い、という結果でした。「未婚者の平均希望結婚年齢はほぼ頭打ちで、男性30・4歳（前回30・4歳）、女性28・6歳（同28・4歳）」です（国立社会保障・人口問題研究所「第15回出生動向基本調査」2015年）。8割近くが結婚したいと思っています。しかも、できれば28歳という具体的な年齢のイメージもあります。……でも、なぜか結婚していない。

お母さんの時代のベルトコンベアが消失した今、自分からアクションを起こさなければ結婚も出産もできない時代です。では、どんなアクションを起こせば結婚できるのでしょう。それは「婚活」でしょうか？　それとも……。

次に、結婚というハードルを越えるための、新たな戦略について考えていきます。

理想の結婚年齢は28歳。でも、現実には過半数が独身です
未婚女性の８割が結婚を希望しています

②「婚活」以前にまず、恋をしよう

今どきの日本人は恋愛低体温

結婚を望んでいる人が、なぜ現実には結婚できていないのでしょうか。

まずはだいじな恋愛問題。実は、そもそも日本人って、あまり恋愛していないんです。

独身の3人に2人には、恋人がいないそうです。正確にいうと、「『交際している異性はいない』と回答した未婚者の割合は男性69・8％（前回61・4％）、女性59・1％（同49・5％）といずれも前回から上昇した。また、交際相手をもたず、かつ交際を望んでいない未婚者は、男性では全体の30・2％、女性では25・9％を占めている』」（国立社会保障・人口問題研究所「第15回出生動向

図21　日本人は恋愛低体温？

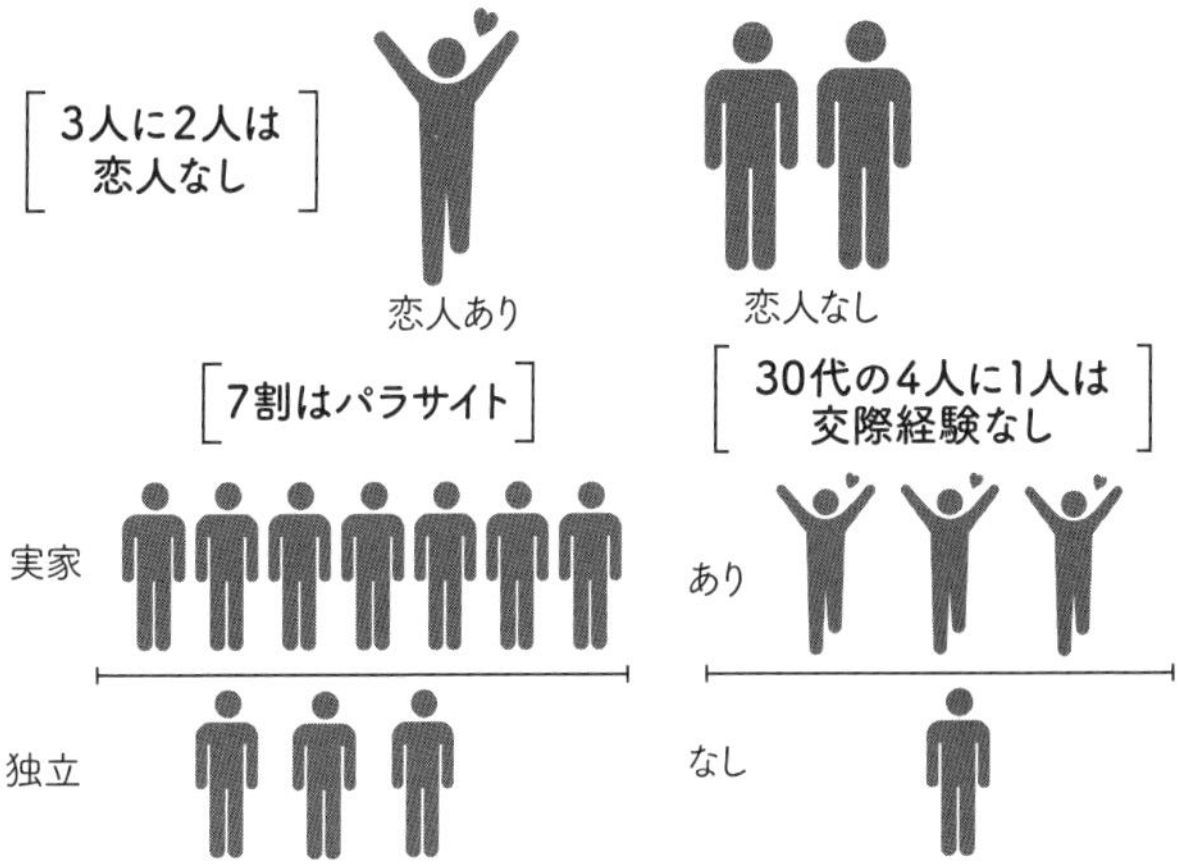

基本調査」２０１５年）という結果でした。

６〜７割の人には、彼氏や彼女がいないのです。意外に多い数字だと思いませんか？

同じデータから、「性経験のない未婚者の割合が２０００年代後半より増加傾向にある（男性前回36・2％→42・0％、女性同38・7％→44・2％）」ということもわかります。男女ともに20代では5割近く、30代でも４人に１人は交際経験がありません。

もしあなたが、ちょっとでもいいなと思う人に出会ったら、「恋人がいるんじゃないか」なんて遠慮をしていないで、積極的にどんどん声をかけてみてよいのではないでしょうか。

恋人がいなくても平気？

そんな独身男女の7割が、親元で暮らしています。いわゆるパラサイトシングルといわれる層ですね。親と暮らしていればさびしくないし、生活のこまごましためんどうもみてもらえて、経済的にも余裕があります。

その恵まれた状況をベースに、男女ともにリアルな恋人を求めるより、二次元やアイドルの世界に没頭するという人が少なくありません。女子は、ママと仲良しという人が増えているようです。へたに気の合わない恋人と過ごすより、お母さんと出かけるほうが楽しいということなのでしょう。

ショッピングもお食事も観劇も旅行もイベントも母子密着。こういう独身女子たちは、「ママも一緒に！」というので、「ママも族」と呼ばれたりしているのだそうです。

図22　「待ち受け」×「待ち受け」では……

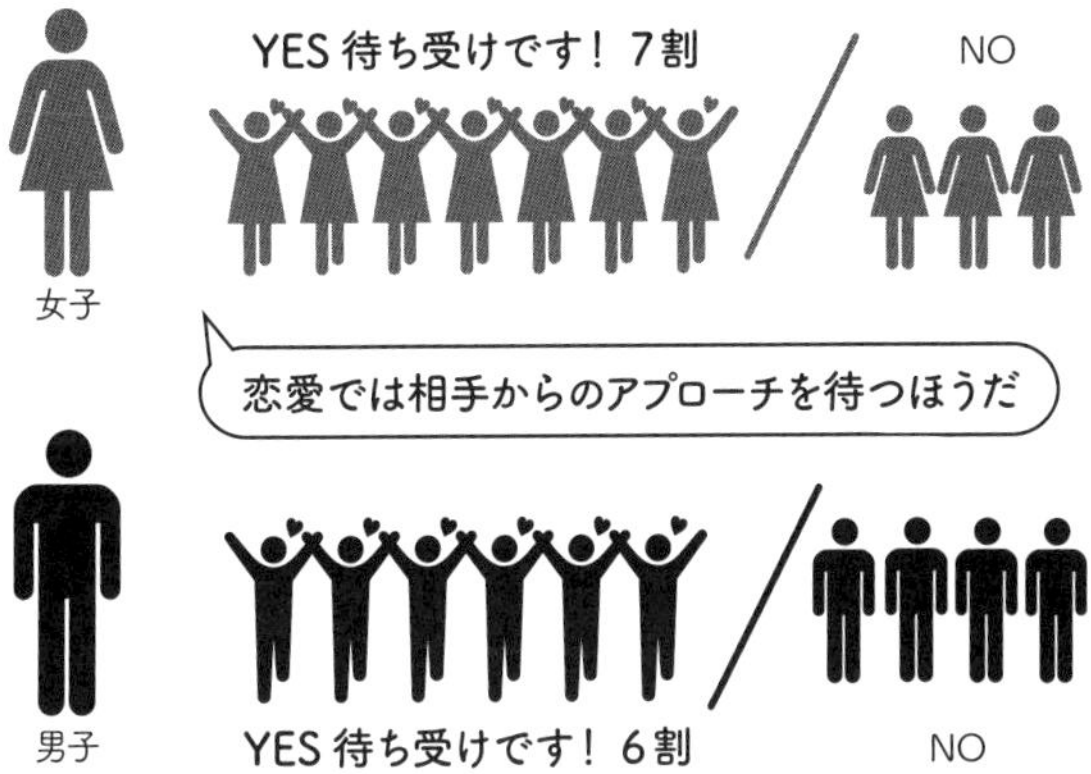

このように、恋人がいなくても親元の快適な環境に守られる暮らしが続いていれば、あえて生活を変えようという気にならないでしょう。恋に傷つくこともない。しかし、その居心地のよさをそのままにしていていてよいのでしょうか？

待ち受け×待ち受け

恋人がいない人が多い最大の要因は、恋愛アプローチのしかたに問題があるからかもしれません。

ある調査によると、独身女性の大多数が、「恋愛は待ち受け状態だ」と答えているんですね。アンケートで、「恋愛では相手からのアプローチを待つほうだ」と答えた女性が、全体の73％、7割以上もいました（電通総研「『イマドキ独身女子の結婚観と恋愛の実態』とは？」2010年）。

では、相手となる男子はどうでしょう。同じアンケートを男性にとると、男性の6割が、やはり「恋愛では相手からのアプローチを待つほうだ」と答えています。

ということは、何が起きると思いますか？

待ち受け男子と待ち受け女子が、ある日、出会います。出会って……何も起きません。

心の中ではお互いにちょっといいなと思うかもしれないのですが、それっきり何も起こらない。お互いに待っているから。……客観的にみるとそんな残念な状況が、そこここで展開しているようです。

男も女も、恋愛はぜひ自分から積極的にアプローチしていってほしいのですが……。

独身者の調査で、彼女がいない男性は7割もいます
男女とも、相手からのアプローチを待っています

③「昭和結婚」にさよなら！

昭和の結婚観が通用しない

今の若い世代の結婚をはばむもう1つの問題は、経済です。

経済の構造は劇的に変化し、雇用の安定しない若い世代が急増しています。非正規雇用の割合は4割です。

1997年の金融危機以降、「男性不況」と呼べる状況が起きています。男性がつきやすい製造業などの仕事が海外にうつってしまったんですね。それに代わるように、女性のお給料は少しずつ上がっています。女性のつきやすいサービス、医療、介護などの比率が伸びているからです。

ところが結婚となると、それでもやっぱり「お父さんが一家を養うべき」、という昭和的結婚観が、若いみなさんのなかにも根強く残っているようです。

「昭和結婚」とは、終身雇用や右肩上がりの経済を前提に、男性が働いて家計を支え、女性が専業主婦もしくはパートで主に家事を担当するというモデル。「会社員の夫と専業主婦の妻と子ども2人」という「モデル家庭」のイメージがそうですね。今、この「男性大黒柱」モデルが失われているのです。

女性が結婚で食べていける時代は終わりました。「昭和結婚」の価値観にしがみついていては、結婚できません。この価値観にさよならをすることこそが、結婚への早道といえるのです。専業主婦で「今後もお金の面では働く必要がない」人は、わずか2・7％という調査結果もあります。

理想の年収の男子は6％未満

東京の女性（25〜34歳）の結婚相手に求める理想の年収は600万円以上、だそうです。図23に示すとおり、3人の独身女性がいれば、1人は「相手の年収にはこだわらない」、1人は「年収400万〜600万円を希望」、1人は「年

図23　結婚願望と年収のミスマッチ

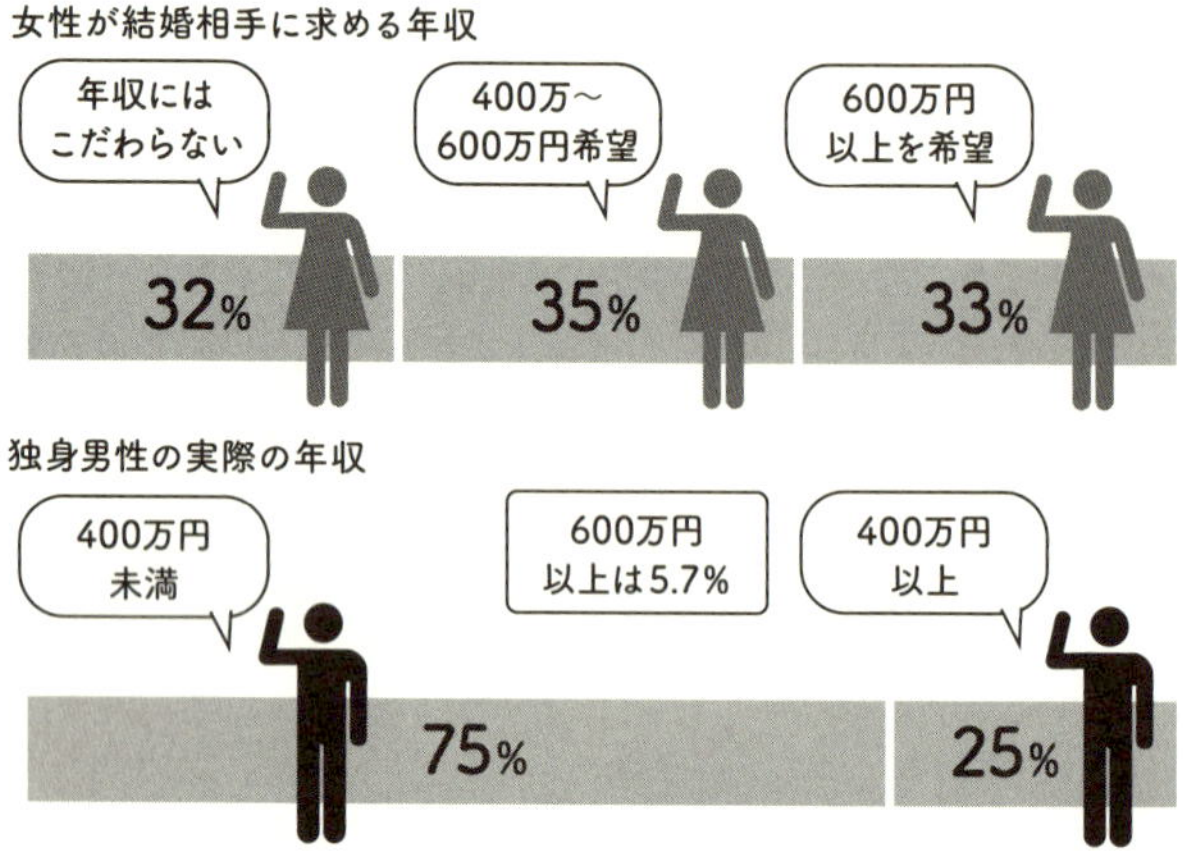

収600万円以上でなくちゃ」と答えています。

ところが、実際に、未婚男性で年収600万円以上を実現している人ってどれくらいいるの？　と調べてみると、4人に3人が年収400万円未満。600万円以上の人はわずか5・7%です。独身女性が「理想」と感じる年収の男性は6%に満たない。これを、「宝くじに当たるようなもの」という人すらいます（山田昌弘「日本の未婚者の実情と『婚活』による少子化対策の可能性」2010年）。

専業主婦を目標にしない

　この話を聞いても「その6％の男性を求めて婚活をがんばる！」という女性がいます。ところがこれが婚活の危険な思い違いなのです。いくらがんばっても婚活の限界値があります。養ってほしいと思う女の人たちの数に対して、養える男の人、あるいは養う気のある男の人の数が圧倒的に足りないのです。「婚活疲労」や「婚活しても結婚できない」の原因は、数の問題とも言えます。

　専業主婦を目標にすることは、今や大きなリスクです。なかなか結婚相手が見つからなくて結果として晩婚になってしまうか、または、ずーっと婚活することにもなりかねません。さらに、「どうせいつかは専業主婦になるし」と就活を軽く考えていると、将来、貧困層に転落する可能性まであります。男性も「いつか妻子を養えるようになったら結婚しよう」では永遠に独身です。「婚活で高収入男子を見つけよう」ではなくて、「私もちゃんと就活して自活しよう」「2人で働いて2人で子育てできる人を探そう」という戦略が正解です。一方で男性は「自炊男子」をめざしてください。

結婚では、もう食べられません
きちんと就活して自活する戦略でいきましょう

④「結婚ゾーン」は年収300万円から

結婚ゾーンは年収300万円以上

独身者のなかでも結婚しやすい男女、いわゆる結婚ゾーンの男女には、共通の条件があります。これは政府がちゃんと調べています。

結婚しやすい男女の共通項は、「年収300万円以上」の「正規職」（内閣府「結婚・家族形成に関する調査報告書」2011年）。

男子だけではありません。女子も同じです。「いずれ結婚するからフリーターでもいい」では、結婚も難しくしてしまいます。

ですから、学生のみなさんは、あきらめずにきちんと就活をしてください。

年収300万円というのは、社会人として何年か経験を積めばそう難しい金

図24　男子は女子の「稼ぐ力」に期待

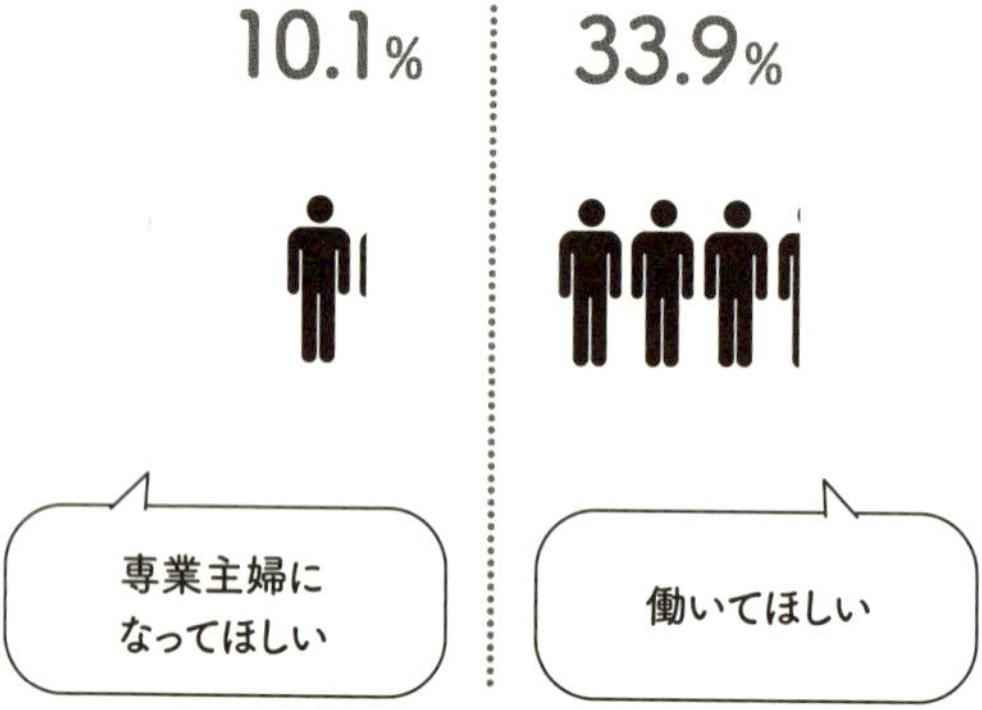

額ではありません。ところが、パートやアルバイトなどになってしまうと、このレベルまで稼ぐことは大変です。

男子も女子の働きに期待

「男性がパートナーに望むライフコース」は、専業主婦コースに代わって両立コースが増加。「専業主婦を望む人が1割（10・1%）に減少する一方で、両立コースを望む人は2000年前後にこれを逆転し、今回は33・9%」となっています（国立社会保障・人口問題研究所、第15回出生動向基本調査）。

いっぽう独身の女性はどう考えてい

るかというと、「未婚女性が理想とするライフコース（理想ライフコース）」は、専業主婦コースは18・２％で、男性の１割と比べると２倍ぐらい。また相変わらず人気なのは、両立コースよりも一度は専業主婦になる再就職コースです。これが「現実コース」（現実にはこうなりそう）では、専業主婦コースは７・５％に減り、ぐっと増えるのは「非婚就業コース」（21％）でした。理想の結婚か、または非婚かというジャッジでしょうか？

「一度は専業主婦になりたい」という人も76・６％（電通総研「『イマドキ独身女子の結婚観と恋愛の実態』とは？」２０１０年）。この「一度は」というのは、「子どもが小さいうちは」という限定的な意味あいも大きいと思いますが、いずれにしろ、結婚しても妻に働いてほしい男性と、専業主婦になりたい女性の意識には、大きなへだたりがあります。

このミスマッチこそが、現在起こっている結婚難の大きな原因のひとつと考えられます。

図25　働く決意で結婚がぐんと近づく

2人の年収を足し算

もし、あなたにとって、結婚相手に求める理想の年収というのがあるとしたら、その理想の年収から自分の年収を引いて、残りを実際に相手に求める年収と考えてみましょう。

そう考えて就活をした結果、結婚を意識し始めたあなたの年収が300万円だったとしたら、彼の年収が300万円なら、2人で年収600万円。2人で新たなスタートをきるには充分です。

宝くじ並みの「理想の年収男子」を探すより現実的だとは思いませんか。2人で働いていくと思えば、若くても2人あわせて「高い世帯年収」が実現します。「子育ては母親がひとりで」と思い込まないでください。

パートナーである男子も、一緒に育てるのがあたりまえなのです。

男子は結婚相手の女性に働き続けてほしいと思っています
「どうせ結婚するからアルバイトでいいや」ではなくあきらめずに就活を

⑤働かないリスクは結婚後も大きい

専業主婦の２大リスク

目標を専業主婦と定めることで、かえって結婚しにくくなることがあるというお話をしてきました。「専業主婦でもいいよ」といってくれる男性が見つからなくて、やみくもに婚活が長引いたり、永久婚活になってしまったり……。リスキーですね。

では、そんな状況のなかでも、首尾よく相手を見つけて専業主婦になれれば、それで安泰なのでしょうか。

実は、専業主婦になれても、また別の大きなリスクが２つあります。

１つめのリスクは、なんといっても「離婚」ですね。

当面の収入がないために、離婚したくてもなかなか決断できないという話や、離婚して子どもを迎えて仕事を探す大変さなどは、みなさんも耳にしたことがあるのではないでしょうか。

「離婚したら養育費がもらえるんじゃない？」なんて思う人もいるかもしれません。しかし日本では、離婚後のシングルマザーの8割が養育費をもらっていません（「全国母子世帯等調査結果報告」2006年）。さらに、シングルマザーの就労率は85％と高いにもかかわらず、約7割が年間就労収入200万円未満（2005年）という調査もあるのです（「内閣府男女共同参画白書」2010年）。

幸いにして、離婚の心配のない夫婦関係が維持できたとしても、2つめとして、夫の給料だけに頼るリスクがあります。

夫の給料が安くなるとか、リストラされるとか、また、病気になってしまうとか、そんな世間ではよくあるアクシデントが、家庭を揺るがす最大のピンチになりかねません。夫だってサイボーグではないのです。

そんなとき、「大丈夫。私もがんばるから、何とかなるわよ。2人でがんばろう」と、にっこり笑って言えるかどうか。

世の中は常に動いていて、明日のことはわかりません。人生における軸足は、多いほうがいいと思いませんか？

働くことは最大のリスク回避

女性にとって、働き続けることは最大のリスク回避の手段となります。しかも働くことは、あなたの人生を豊かにすることです。お金だけでなく、さまざまな出会いや経験の幅も広がります。自分の人生の豊かさは、結婚相手に決めてもらうことではありません。自分で人生の舵をとってみたいと思いませんか？　あなたの幸せは誰かと一緒に創っていくことはできても、誰かに任せて創ってもらうものではないですよね。あなたが自分で決められることなんですね。

私も女子大で教えているので、みなさんの気持ちがよくわかるのですが、就活がたいへんだと、「理想の企業に入れなかったから、もう、アルバイトでいいです」とか、「どうせいつか結婚するんだから、就活はそんなにがんばらなくても……」なんて思い始める人がいます。なかには「先生、もう就活はいいです。私、婚活に切り替えます」みたいなことを言いだす人までいます。就活より婚活がかんたんだなんて、しかも、専業主婦でいられるなんて、世の中そんなに甘くありません。

とにかく、まずはきちんと就活をしましょう。そして、「彼に養ってもらうこと」をめざさずに、自活女子をめざしましょう。それが、結婚への道を切り開き、やがてあなたをお母さんにもしてくれる道なのです。

そして男子は「自炊男子」をめざしてください。女性は今「家事力」を求めています。他人事ではなく、自分ごととして2人で育児ができる人を望んでいます。

二馬力のエンジンで走るカップルがこれからの主流です。「共働き、共育て」のDUALエンジンカップルをめざしていただきたいと思います。「ワンオペ育児」の時代は終わり、これからは「チーム育児」。となると男性の「ワンオペ稼ぎ」も終わり、「チーム稼ぎ」へ。新しい時代のカップルで、どんな時期にどんなチームでやっていくか、ぜひ２人で考えてみてほしいのです。

夫婦で切り開く人生の軸足は多いほうがいい

第4限
産める「就活」×「パートナー」
——白河桃子

①キャリアと産みどき

社会的な原因で子どもが持てない？

第3のハードル、「仕事と子育ての両立」がなかなかしにくい、そのハードルをどう越えていくかについてお話ししたいと思います。

ここで問題になるのは、自分ががんばればどうにかできることだけじゃない、ということなんですね、仕事はどうなの？　職場の環境は？　結婚して出産したら続けられるのか。夫の協力はどうなのか、夫以外にも子育てを手伝ってくれる人はいるのか。保育園に入れるのか……、環境の問題です。

もしこれらが原因で子どもが持てないとすると、それはみなさんのせいではありません。社会の状況が悪い、社会的不妊と呼ぶべき状況だと私は思ってい

図26　早く産む・遅く産む　メリットとデメリット

早く産む（20代〜）	遅く産む（30代後半〜）
○ 出産適齢期に産める	× 流産や不妊リスク高まる
○ 休んでもまだ大丈夫なポジション	× 責任が重く休みづらい
× 同期に遅れをとる気がする	△ 体力に不安？
× 経済的な余裕がない	○ キャリア形成・地位を固めてから産める
○ 30代後半から巻き返し！	○ 経済的な余裕がある

ます。

産む時期によるメリット・デメリット

20代は重要なキャリア形成期です。同時に20代から30代前半は出産適齢期でもあります。齊藤先生はできれば20代に産んでほしいとおっしゃっていますし、みなさんの意識も「早く結婚して早く産んで、働き続けたい」という志向になってきています。

図26に、産む時期によるメリットとデメリットを簡単にまとめてみました。

早く産む、遅く産む、どちらもメリット・デメリットがありますが、なんといっても、遅く産むことの一番のデメリットは、年齢が上がることで流産や不妊のリスクが高くなることです。

20代で1人産みたいなら、28歳が最初のターニングポイント

働く女性に訪れる年齢のターニングポイントは、28歳、35歳、40歳だと思っています。その時期に女性たちは、本当にいろいろなことを考えています。

20代で1人産みたい、でも仕事もがんばりたい女性なら、フルエンジンでやっていけます。しっかり仕事をして、できるだけ多くの仕事の成功体験を自分のものにしてください。これがあるとその先のプランが大きく違ってきます。

しかし、28歳になったときには、パートナーとの関係や自分と仕事の関係に、一度、きちんと向き合いましょう。そして、28歳から45歳までのどこかに、「出産、子育てをする時期」をとるのです。まったく別の自分が子育てするのではなく、今仕事をしている自分とパートナーが子育てすると考えてください。

もちろん、もっと早くてもいいのです。遅くとも28歳には将来を考えられる

図27　仕事と産みどきの一例

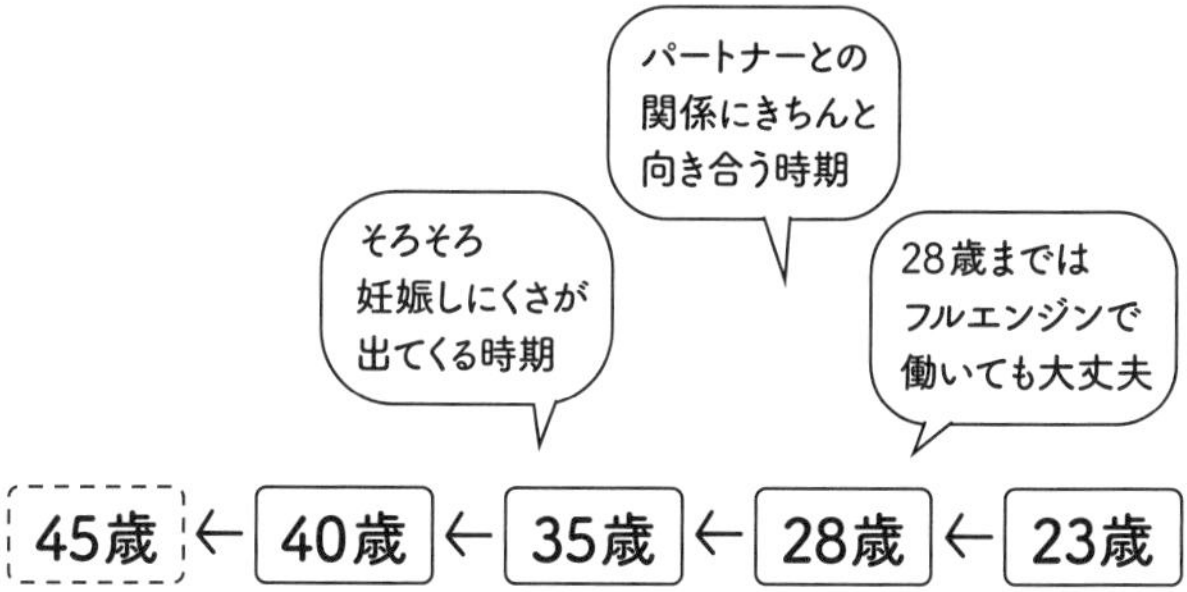

パートナーがいるといい。「20代で１人」子どもがほしい人は特に早くから考えてみてください。

子どもを産んだら、そこからが本格的な「夫婦で共働」のスタート。子育てに重点をおく子育て期をどこまでと考えるかは人それぞれですが、けっこう長い期間になります。どんなにキャリア優先でやってきたママでも、子どもは１人では生きていけませんから、出産後しばらくは、男女ともに前と同じ働き方はできないことを受け入れる時期があります。

そこで本当なら男性も同じように「働き方を変える」必要があります。短くても育休をとってもらい、子育てを一緒に「スタートアップできる」といいですね。短くても男性が育休をとったカップルは「ワンオペ育児になりにくい」といわれています。

「パパは死んだもの」と思われないためにも

あるワーキングマザーの会で「パパは死んだものと思っている」という衝撃の発言が出ました。「パパはゾンビ」問題です。ほかにも「ワンオペ育児」や「平日母子家庭」という単語もあります。

これは日本の男性が、長時間労働、長時間通勤で平日は「子育て戦力」にならないからという、ママたちの嘆きを示しています。

しかし「男性の家庭参加」は「子どもの発達や情緒の安定」のために、今世界的に注目されていること。フランスでは育休は普及しませんでしたが、今は7割の男性が「子どもの受け入れと父親のための休暇」を2週間とります。パパの産休です。

２人で生まれたての赤ちゃんを病院から自宅に連れ帰り、まったく同じ条件で「子育てをスタートする」。そこで男性は初めて「父親になれる」。つまり「男性はほうっておいても父親になれない」ことをフランス政府はわかっているのです。日本でも「父親産休」を「サンキューパパプロジェクト」と題してキャンペーンしています。ファザーリング・ジャパンの調査では46％の男性が「有休をつかって隠れ育休」をとっています。ぜひ、奥さんが病院から家に戻ってからの休暇をおすすめします。２人で子育てをスタートできるように、３日であろうと、男性も「産休」をとりましょう。

また女性が「育休から仕事に復帰するとき」に、育休をとる男性もいます。ここで男性が子育てを「お手伝いぐらい」と思っていると、「ワンオペ育児」になってしまいます。今「保育園の送りはパパ」「お迎えはママ」という家庭が多くなっています。「お迎えからご飯、お風呂、寝かしつけ」という育児のゴールデンタイムはたったひとりのワンオペという方が多い。また「お子さんが熱をだしました。迎えにきてください」という電話が保育園からかかってきた場合、「いつもママばかりが仕事を抜けなければいけない」という状態もあります。週に1回でも2回でも「お迎えから寝かしつけ」をパパが担当する。そのときは残業したり、飲み会に出たりとママは自由に過ごせる。また子どもが病気の場合は、「病時保育」を手配しておくことも大切ですが、夫婦でしっかりコミュニケーションをとって、協力体制をつくっておく。そうでないと、女性は仕事を続けられません。ここで「前と同じように仕事ができない」と感じてモチベーションが下がってやめてしまう女性もいるのですが、それこそもったいない。キャリアは長い目で見てほしいと思います。

家計にとっては生涯賃金で2億円の減収になりかねません（133ページ図29参照）。カップルでいかに協働していくかがポイントです。妊娠中からしっかりと話し合うことがコツです。保育園探し、ワクチン接種、さまざまな子ども関係のお知らせ……夫婦でGoogleアカウントをとって子ども関連のメールを受け取る工夫をしたり、子ども関連のお知らせのプリントをスキャンして、クラウド化するアプリもあります。とにかく、どんどんパパを巻き込んで、2

人で子育てする工夫をしてみましょう。

案ずるより産むが易し

そして、どんなにプランニングしても、意図しない時期に子どもを授かることがあります。その場合はぜひ、「案ずるより産むが易し」と思ってください。なぜなら、この講義でわかるように、人間はそれほど妊娠しやすい動物ではないから。

「若いころに中絶をしたが、今から思うとあれが子どもを持つ最後のチャンスだった」と、嘆く女性の声も聞きました。大学生で産んで、ちゃんと仕事も夢も子育ても、周りの人の協力を得てやっている先輩は大勢いますよ。

仕事をがんばりたいなら、28歳まではフルエンジンで経験値を上げる
カップルで一時期は子育てのためのペースダウンもあり！　です

②最初の子を出産後6割が無職に

妊娠・出産をきっかけに6割が無職に

今、仕事をしている女性のおよそ6割が、結婚や、最初の子どもの妊娠・出産で仕事をやめています。自らすすんでやめる人も多いのですが、「続けたかったけれど続けられなかった」という人も少なくありません。

続けたかった人にどうしてやめたのかを聞くと（図28）、65・4％が「勤務時間があいそうになかった」と答えています（三菱UFJリサーチ&コンサルティング「両立支援に係る諸問題に関する総合的調査研究」2008年）。残業があたりまえという職場が多いんですね。さらに、複数回答で半数が、「職場に支援する雰囲気がなかった」とも答えています。この「雰囲気」という言

図28　続けたくても続けられなかった理由

勤務時間があいそうになかった	65.4%
職場に支援する雰囲気がなかった	49.5%
体力がもちそうになかった	45.7%
育休がとれそうもなかった	25.0%

葉、実はけっこう大事です。両立のための制度はあっても風土がない、雰囲気がないということで、できれば続けたい職場を去らざるをえなくなる人が少なくないのです。

しかし、一度退職してしまうと、その後、正社員で復帰できる人は少数です。4人に1人しかいません。年収300万以上を回復できる人は10人に1人です（12％）。それ以外は、子育てが一段落してから働くとしても、パートやアルバイトといった雇用になっているのが現実です。

図29　生涯賃金はどう変わる?

生涯賃金で2億円以上の差が!?

　では、妊娠・出産を機に、仕事をやめるか否かで、みなさんの生涯賃金はどう変わってくるのでしょうか。平成15年（2003年）の『経済財政白書』によると、総合職の大卒女性が定年まで正社員で働き続けた場合、生涯賃金は約2億8500万円。

　28歳で退職して、34歳から再び正社員として定年まで働くと、およそ2億円となります。差額の8500万円は働かない6年間の推定年収を合算した金額より大きいですね。これはキャリアが中断することに関係しています。

さらに、28歳で退職して、その後パートタイマーとして働くと、生涯賃金はおよそ4767万円、34歳から正社員に戻る場合と比べても1億5000万円マイナス。働き続けた場合と比べると2億円以上のマイナスになります。

妻の働き方が「正社員」か「派遣」か「パート」か「専業主婦」かで、世帯年収は大きく違います。家を買うときのローン、子どもの教育費、老後資金、すべてを左右するのは妻の「働き方」です。男性は「保活」を人ごととして奥さん任せにしないで、「一家の運命を左右すること」として真剣になったほうがいいし、また、もし妻が一時期専業主婦になるなら、その後「円滑な再就職」ができるように、しっかりサポートしてほしいと思います。

男子のための両立講座

共働きの妻をサポートすることは、男性にとっても、自由度と経済面でのメリットがあります。

もしあなたが妻に転職したいと相談したとき、専業主婦の妻に「今の安定した仕事を捨ててまで、リスクはおかさないで」と反対されたらどうでしょう。仕事をしている妻なら、「私も転職したことがあるからよくわかる。あなたもがんばれば？」と背中を押してくれる例はたくさんあります。

しっかりと働く妻は、「夫に依存したい妻」よりも夫を自由にしてくれるのです。

また、いうまでもなく、共働きの経済的なメリットは大きいですね。「妻を専業主婦にさせてしまった」と後悔する先輩社員を見て、「やっぱり共働きでいこう」と考える男性も増えています。共働き夫婦と片働き夫婦の世帯年収は、「夫婦格差」と呼べるほど広がっています。

今、日本の65歳以上の高齢女性（単身者）の2人に1人が「相対的貧困ライン」の下にいます。その現実を見ると、「昭和結婚」では、夫が死んだ後の専業主婦の妻の分までは稼げなかったということがわかります。

「一家を養う」というのは、覚悟がいりますね。妻の「老後資金」までめんどうをみて、初めてまっとうされることなのでしょう。ずっと元気で、壊れないサイボーグのように妻子のために働き続け、自分が死んだ後も妻の生活が成り立つだけの蓄えをする……。これは本当にたいへんなことです。

それよりは、共働きの妻をサポートしていくというほうが、現実的なのではないでしょうか。

男性が年収2億円上げる方法は、と聞かれたら「働く妻を精一杯応援すること」が答えです。

両立をはばんでいるもの

子育てと仕事の両立をはばむものは何なのでしょう。私は、大きく3つあると考えています。

1つは職場の「長時間労働」。これが常態化していることです。みんなが残業をしてあたりまえという職場で、子育て中のママが5時に「お先に！」と帰ることは難しいですね。

そして、2つめのポイントは、「ママの意識」。意外と思われるかもしれませ

図30　両立をはばむのは……？

んが、子育ても仕事も「私ががんばらなくては」、と女性がひとりで抱え込んでしまいがち。こういった意識が、女性が仕事を続けることを困難にしているという側面もあるのです。パートナーである夫はもちろん、それぞれの両親や保育園など、できるだけたくさんの人に育ててもらうつもりでいたほうが、ずっとうまくいきます。

３つめのポイントは、これがかなり大きいのですが、「パパの非協力」。これも実は「職場の一律な働き方」の文化のせいです。女性が育児のために時短をとることは許容されても、男性が

「子どもが熱をだしたので、会議を欠席して帰ります」とは、まだなかなか言いにくい世の中。一方女性のほうも「やっぱり男性の仕事の邪魔はできない」と思いがちです。それに甘えて「仕事をしたければどうぞ、ただし、家事や育児に影響しない程度にね」という「理解あるパパ」の顔をされてしまうと、女性はたいへんです。子育てと仕事の両立のためには、パパとしっかりタッグチームを組むことです。

妻の働きが子どもの教育や生活のゆとりを左右します
仕事と子育ての両立をひとりでがんばろうと思わないことが大事です

③産める就活のための4つのキャリアゾーン

どちらが「女性にとって」よい企業？

さて、ここで、ちょっと考えてみましょう。140ページの図31をごらんください。A、B2つの企業があるとして、あなたはどちらが女性にとってよい企業だと思いますか？

A社の企業で最たるものはマスコミです。たとえばテレビ局のように、仕事の内容に男女の区別はないかわりに、残業も長く、激務といわれていますね。いっぽうBはたとえば、デパートなどでしょうか。男女の勤続年数の差が小さくて、女性が長く働き続けやすいのですが、女性が出世できる企業はまだ少なかったりします。

図31　どちらが「よい企業」でしょう

この2つの要素、「どちらが」ではなくて、A、B、両方の「続けやすい＋活躍」を備えていることが理想です。

でも、今の日本では、現実にはそういう企業はなかなかみつかりません。なかには、A、B、どちらの要素もない企業すらあるのです。

「ホワイト企業」がキーワード

経済産業省では2012年度（平成24年度）から「ダイバーシティ経営企業100選」と名づけて、多様な人材を積極的に活用する優良企業を選び始めました。中小企業もたくさんリストアップされていますので、就活の際にはぜひ、ホームページなどを参考にしてください。また、昭和女子大学でも「女子学生のための優良企業ランキング」を公開（昭和女子大学女性文化研究所　http://content.swu.ac.jp/jyoukenblog/）しています。女性が働きやすく活躍しやすいこれらの企業は、男性にとっても働きやすい「ホワイト企業」と呼ばれて注目を集めるようになってきています。

あなたはどこをめざしますか？

女性の働き方にもいろいろあります。図32は、A「活躍しやすさ」を縦軸に、B「続けやすさ」を横軸に、大きく4つのゾーンに分けました。

「①両立&キャリアゾーン」は、女性が活躍できる企業ランキングトップ企業や、公務員など。就活の難関企業が多いですね。

「②バリキャリゾーン」は、外資系、マスコミ、ＩＴ企業などのイメージです。男女関係なく、どんどん仕事を任せられ、成長できます。バリバリ仕事をして、

図32　あなたはどこをめざしますか?

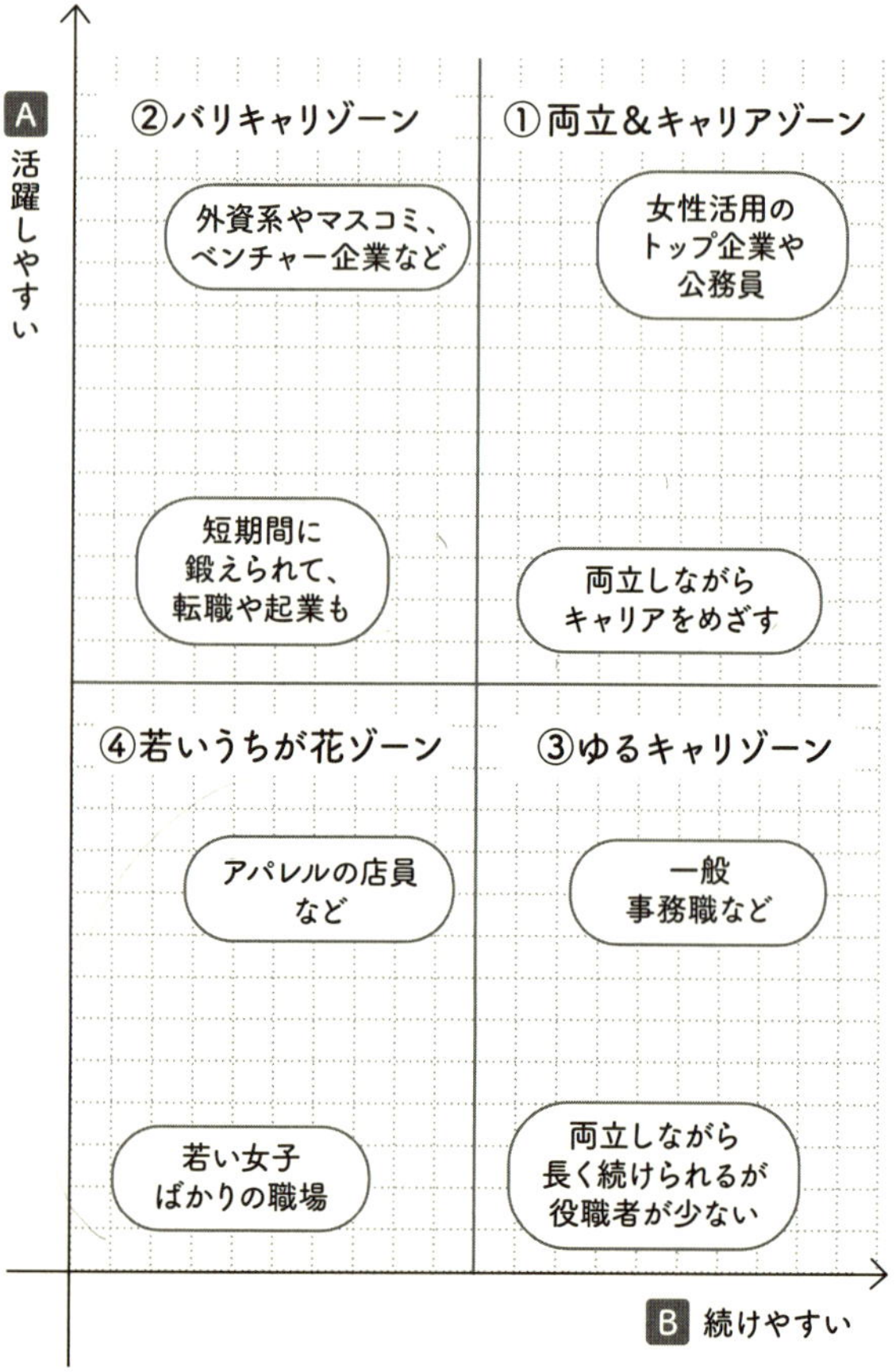

短期でも実力がつきます。

「③ゆるキャリゾーン」は、大学の事務職や百貨店など、女性が長く勤務できる職種。９時５時勤務で転勤なし。しなやかに両立をめざします。しかし、この手の仕事こそ一度手放すと次はない。「女性の場合、一般職志望の転職希望者が多いが、そういう仕事はほとんどない」と転職サイトの人によく言われます。

「④若いうちが花ゾーン」。あえて厳しい呼び方をしましたが、たとえばアパレルなどの対面販売職のようなイメージの、若い女子が多い職場ですね。華やかで、一見女子向きとも思えますが、若い女性しかいない。つまり、結婚・子育てとの両立は難しいのです。長く働きたい人には厳しい環境です。

女子学生の話を聞くと、③の希望が多いのですが、③の仕事はどんどん減っていきます。ＩＴ化のせいです。②から①への転職も可能なので②でしっかりキャリア構築する。その後、その会社が両立できない、または両立しながら活躍できないような長時間労働なら、結婚と同時に転職しましょう。これを「寿転職」と呼んでいます。

就活の前に、自分なりの方向性をチェック

④産める就活のチェックポイント

産める企業の見分け方

就活で、産める企業を見分ける方法を考えてみましょう。大企業でも、制度があっても、その制度を使える風土があるかどうかが問題です。「子どもができました。育休とらせてください」と言って、上司が「えー？　今までそんなのいないよ！」と頭を抱えちゃうようなところは困りますね。育休・産休・時短は法律で定められていますが、本当に使えるか、使っている人がいるか、でしょう。

そこで大事なのは、さまざまな年齢の女性が活躍しているかどうか。

介護を抱えている人、子どもが小さい人、子どもが大きくなって残業もバリバリできますという人もいるというふうに、いろんな女性があたりまえに働いていることが大事です。

また、男性の育休の取得率はかなりのポイントです。数は少なくても、男性の「育休取得者がいる」企業は、共働きに理解がある企業です。

女性の役職者はいるか、男女の勤続年数の差はどうかなどはチェックしたいところです。また一番重要なのは、その会社の「長時間労働」に対する考え方。女性は制度ばかり見てしまいますが、大事なのは「働き方」のほうです。

残業の量や有給休暇を社員がどのくらいとれているか（50％以上の消化率なら平均以上）も重要です。つまり、ワークライフバランス度のチェックです。ぜひ内閣府の『女性の活躍見える化サイト』などを参照してください。

OG訪問をするなら、できれば企業から紹介されるOGより、自分で探したOGに本音を聞けるといいですね。当事者世代の30歳前後の人がおすすめです。周囲に子どもを産んだ人がいるかもしれないし、本人も妊娠・出産を意識しているかもしれません。「この会社は産んだあとの女性にどんな雰囲気ですか」と、

図33　女性活躍から働き方改革へ

フェーズ1●第一次均等法（女性のみ）

□男女平等に活躍できる（マッチョ滅私奉公な男性にあわせる）

フェーズ2●両立支援（女性のみ）

□女性に優しい企業
□女性の育休取得100％
□時短制度など制度充実

フェーズ3● 働き方改革（男女）

□全体の脱長時間労働・上限規制
□有休取得率をあげる（平均は48.8％）
□柔軟な働き方（在宅、フレックス、子連れ）
□育休復帰、時短復帰を早期に
□時間から時間あたり成果へ（評価）
□選べる働き方

ぜひ率直に聞いてください。

「働き方改革」先進企業に着目

女性活躍から「働き方改革」へと時代はうつっています。

女性が活躍するには「両立支援」と「活躍支援」が欠かせません。環境と「やりがい」の両方が必要なのですが、女性の意識を変えるだけでなく、環境の整備が欠かせないことが近年さまざまな調査でわかってきました。特に長時間労働が一番のネックとなります。子育て女性だけを特別扱いするのではなく、全体の「長時間労働をしないと評価されない」という環境を変えていこう。近年の「働き方改革」で「長時間労働是正」が注目されていますが、それは女性活躍に必須の環境整備です。

労働時間改革

では、子育てをしながら働く時期に「できればこうあってほしい」と思えるような職場環境には、どんな要素があるでしょう。「働き方改革」というワードに注目してください。「長時間労働是正」がすすんでいるか、テレワークやフレックスタイムなど、場所や時間が柔軟な働き方があるか、それも育児・介護の女性だけでなく、男女ともに労働時間や働く場所や時間の配慮がされているか、がポイントです。

まず、長時間の残業が恒常的でない会社。フルタイムでも「無理なく」働ける職場が望ましいですね。日本の会社というのはとても残業が多く、フルタイムといっても、24時間働くことが前提だったりします。フルタイムでも無理なく働けるというのは重要なポイントです。女性活躍推進法では、「月45時間以内」

図34　産める就活のチェックポイント

- □ **さまざまな年齢の女性が活躍している？**
  子どもが小さい人、介護を抱えた人、
  定年まで働く人はどのくらいいるか。
- □ **男女の育休取得率を確認**
  女性が妊娠したら育休をとって仕事を続けるのがあたりまえか、
  男性の育休取得はどうか。
- □ **男女の勤続年数に極端な差がない？**
  男女の勤続年数に大きな差があるのは要注意。
  若い女性がごっそりやめていないか。
- □ **女性の役職者が一定数いる？**
  きちんと仕事をする女性がきちんと処遇される職場か。
  女性役員は1人いればいいほうです。
- □ **時間ではなく、「成果」で評価してくれる？**
  フルタイムで無理なく働けるか。
  長時間残業をしないと居づらい職場は要注意。
- □ **フレキシブルワークは可能？**
  在宅勤務やフレックスタイムといった
  融通のきく制度があるか。
- □ **残業時間や有休消化率は？**
  残業が常態化していたり、
  有給休暇もとれない職場は要注意。
- □ **トップが女性の活用に本気か？**
  トップ（社長）は、本気で多様性のある経営を
  めざしているか？
- □ **再雇用制度はあるか？**

の企業が「女性活躍企業」の条件になっています。たとえば証券会社や広告代理店、ＩＴ企業、商社など長時間労働があたりまえのような職種でも、「19時前退社厳守」や「残業は20時までで、朝残業（朝の残業代がつく）」「少ない時間で成果を出したチームにはボーナスがでる」など、「労働時間改革」が有名な企業があります。そういった企業は学生の人気も高く、また「女性活躍比率」も高い。女性活躍の一番のポイントは実は「長時間労働ではないこと」なのです。残業ゼロではなく、月に45時間以内の時間外労働の原則を満たしているか、チェックしてください。または満たそうと努力しているか、です。企業ホームページなどで、「長時間労働是正」の施策があるか、また記事などにとりあげられているか、「働き方改革」「長時間労働是正」という単語で調べてみてください。残業時間の推移を積極的に開示している企業は、本気度が高いです。

テレワークなど柔軟な働き方や多様な正社員制度

次に、勤務時間や勤務場所が柔軟な職場。今はコンピューターがあればどこでもできる仕事もありますから、テレワーク、リモートワークができるかも、注目です。また、フレックスタイムといって、朝少し遅く来たり、逆に朝早く出社して午後4時ぐらいに帰ったりといった勤務ができる職場もあります。すでに「全員がテレワークを週2回はしなければいけない」という企業もあります。

ポイントは、柔軟な働き方については、「育児・介護の人のためだけの制度」かどうかも注目です。

短時間正社員、転勤なし正社員など、多様な働き方が選べる企業もいいです。

ＩＴ企業の中には、働き方を選べるところが出てきています。男女ともに使える制度で、たとえば、「今年は仕事をがんばる！」というときはワークコース。「子どもが小さいのでちょっとゆるやかに働きたい」「社外で大学院にいきたい」というときはライフコース。その中間の「ワーク＆ライフコース」。「子どもの手が離れたので、またバリバリ仕事に専念できます」となったらワークコース

図35　ワーク＆ライフバランスに着目

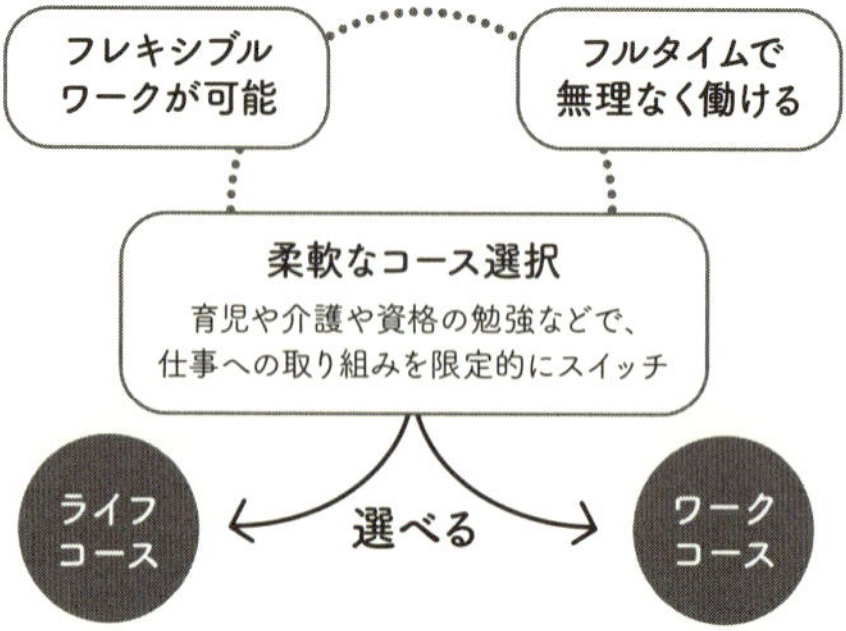

に戻れる。短時間正社員・残業なし正社員の制度がある企業もあります。

仕事以外に勉強を続けたり、家族と過ごす時間や、趣味や地域活動などの時間もとれる働き方は、男性にも女性にも働きやすい職場環境といえるでしょう。

産みやすい仕事を考える

仕事と子育てを両立しやすい「産みやすい仕事」というのはあるのでしょうか。まず、地方公務員があげられそうですね。働く女性のなかでも、公務員の女性は最も子だくさんです。

また、「ゆるキャリ」という表現で紹介

したように、大企業の正社員・事務職も思い浮かびます。ただし、お母さんの時代と大きく異なって、結婚退職などが減って採用枠も減り、事務職は今や狭き門です。正社員より派遣社員や業務委託へと、仕事の担い手もうつってきています。10年後を考えると、このポジションは、ＡＩにとって代わる可能性が高いです。

手に職をつける方法もあります。ＩＴ関連の技術を持つ人は、一定期間会社で働いたあと、フリーランスで自分の時間をコントロールしながら働く道をとる人もいます。

そしてなんといっても、難しい試験を受けて獲得した医師、弁護士、税理士、保育士、看護師などの国家資格は、中断や復帰にも強いといえます。

産める働き方、就職か就社か

先ほどＡ「活躍しやすい」と、Ｂ「続けやすい」という、どちらも大事な２つの軸を紹介しました。産める働き方を模索するとき、それとはまた別に「就

図36　キャリアとジョブの違い

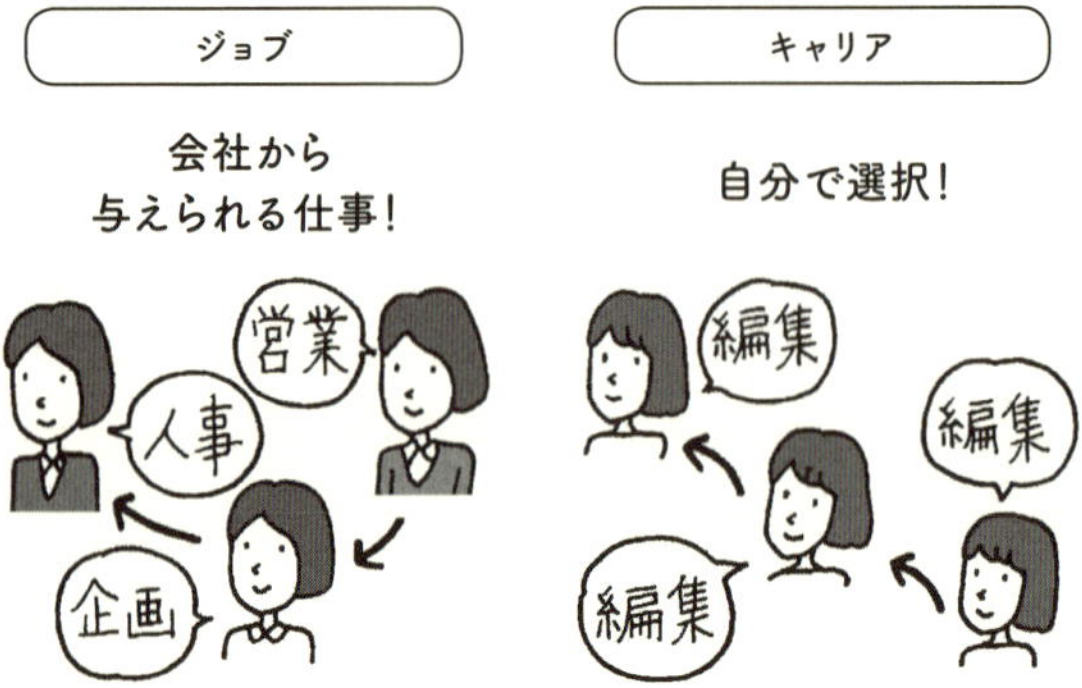

職」と「就社」という2つのキーワードがあります。キャリアとは自分で選択する仕事、ジョブとは会社から与えられる仕事のことです。

人事異動で営業部から企画部へ、企画部から人事部へ、というように、企業が決めてくれる枠の中で経験値を高めていく。1つの会社に「就社」するという考え方。

いっぽう、「就職」は、自分の専門性を決め、それを高めて、専門性で働く会社を選んでいくこと。編集者とか、ホテルマン、一般企業でも経理や人事、マーケティングのエキスパートなどがイメージしやすいかもしれません。成長、活躍しやすい、鍛えられる企業でハードに専門性のつく仕事をして、その専門性を活かして、ライフイベントにあわせて、働く場を替えいくのです。

子育てをしながらゆるやかに働ける部署にうつったり、会社をうつったり、また、起業したりする人もいます。専門性が高いほど、転職市場での価値も高まります。ＩＴ企業の女性には、子育てを機会に、フリーになって在宅で仕事をする人もいます。

１つの会社に「就社」して、ずっといるのではなく、「専門性を持って転職していく」。こういう働き方もあるということを、ぜひ覚えておいてください。

就活では、産める企業や働き方を徹底チェック
子育て期間も仕事をゆるやかに継続するシフトチェンジもあり

⑤もし退職しても仕事をあきらめない

子育てで退職しても、また働くために

ここまで、両立するための就活について考えてきました。

しかし、就活でどんなに「産める」会社や働き方を選んだつもりでも、現実には「夫の転勤」や「自分の転勤」など、さまざまな要因で、仕事をやめる決断をしなくてはならないことがあります。いったん仕事を離れることになったときに、心がけておきたいことはなんでしょう。

まず、正社員で働いていて、いったん仕事をやめて子育てに専念し、子育て後にまた働こうと思う人の場合。

子育て期に働く女性が減ってその後回復することを「女性のM字型就労」と

呼びますが、子育て後に簡単に企業に戻れるほど単純なものではありません。「ブランク」が長いと、再就職後の雇用条件はかなり厳しいものです。あなたがもし、一時子育てに専念したいと考えるなら、その間に貯金をしたり、育児中に次の仕事につけるような資格を取得する勉強をしなおすことを、おすすめします。

一度やめても正社員！　の条件

では、育児で一度やめても会社で正社員で再び働くための、復帰の条件を考えてみましょう。

仕事から離れているブランクは短いほうがいいですね。できれば3年以内。働こうと思ったら、派遣でも契約でも、とにかくまず働き始めましょう。小さい子がいると働く一歩をなかなか踏み出せないものですが、とにかく少しでもやってみる。すぐに正社員になれなくても、3～4年後に正社員になるという目標で働き始めます。「紹介予定派遣」など、数年後に正社員になる可能性

図37　一度やめても正社員で働く条件

- □ ブランクは短く（3年以内）
- □ 派遣や契約でも、まず働き始める
- □ 3～4年後の正社員を目標にする
- □ 働いていたときの人脈は切らさない
- □ 常に「働きたい！」と周囲に伝える
- □ 「得意なことは？」の問いに提示できるものを持つ

のある派遣制度もあります。パート社員が希望すれば正社員になれる企業もあります。

　仕事の人脈を途切れさせないことは重要です。ブランクがあっても復職する人は、人脈（コネ）で就職をしています。ママの就活はみなさんがイメージしている大学生の就活とは違うんですね。以前の働きぶりを知る知り合いが「小さい子どもがいても大丈夫だよ、手伝ってくれない？」と声をかけてくれた、といったケースが多いのです。

　そこで、常に「私は○年後に働きます！」と周りの人に伝えておくことがとても大事です。そうすると、意外なところから声がかかったりするものです。

専門性を持つこと

声がかかるために何が重要かというと、やはり、あなたならではの専門性でしょう。

専門性というと、みんな「資格のことですか？」と聞くのですが、それだけではないんですね。「自分の得意なこと」「無理なくずーっと続けられること」を考えてみてください。

たとえば、すごく計算が速い、字がすごくきれいとか、ある漫画家の作品には詳しいということでもいいですね。「知らない人ともすぐに打ち解けられる」や「細かい数字をずっとチェックするような作業が好き」とか。「好きなこと」と「お金を稼げること」と「無理なくできること」。これらがあわさったところにあなたの専門性があります。

そして、これからの専門性は「かけ算」です。「英語」だけでは外国人に負けてしまう。たとえば「世界遺産」オタクで「世界遺産検定」を持っている。英語×世界遺産となると、旅行業界に強いでしょう。こんなふうに専門性は「かけ算」で強くなります。

専門性は働くなかでどんどん身につきます。みなさんが今まで培ってきたもの、そして大学4年間、さらに社会人になってから身につけるもの……。「自分は何をしてお金をもらっていけるのだろうか」と常に考えながら勉強し、働くことが大事です。

仕事から離れても「○年後には働きます！」とアピール
未来に向けて「専門性」を培っていきましょう

⑥先輩に学ぶ「働き続ける戦略」

20代のうちに仕事の達成感を

これまで私は、仕事をやめずに前向きに続けている女性に何人も会ってきました。そのなかでわかってきた、限界を決めないで、生き生きと仕事を続ける条件を紹介しましょう。

１つめは、大学を卒業する時点で、「働き続けよう」という強い意志をもっていること。

２つめは、20代のうちに「仕事って楽しい」「こんなこともできた」という達成感を得ること。

３つめは、職場に信用の蓄積をしておくこと。「彼女は育休から復帰したら

図38　仕事をあきらめない6か条

1　卒業時に「働き続ける！」という強い意志をもつ
2　20代で仕事の喜びを知り、業績を上げる
3　理解がある上司、同僚との関係をつくる
4　（好きなこと）×（稼げること）×（できること）＝仕事
5　協力的で、働く背中を押してくれるパートナーを持つ
6　続けるのがあたりまえという環境に身を置く

またきちんと仕事をしてくれる」という信頼です。その前提があって、上司や同僚が「大丈夫だよ。育児休業から復帰したら、またいっしょにやろうね」と応援してくれる雰囲気が職場にできるんですね。

4つめに、仕事の内容です。「好きなこと」と「稼げること」、そして「できること」が交わるところで仕事をしている人は、少々のことがあってもへこたれず続けていくことができるでしょう。

5つめはとても大事です。パートナーの夫が協力的で、働くあなたの背

中を押してくれること。

そして、ここ数年で増えているのが、６つめ。環境に後押しされる人。「元々出産したら退職してしまおうと思っていました。でも周りがあたりまえのように続けているので、自分もできるかなと思って……」と、両立する人も増えています。確実に環境はよくなっているんですね。

協力的な夫を得るために

では、最大重要ポイントである５つめの、協力的なパートナーはどうやってみつければよいのでしょう。

「つきあう彼氏は、保守的な考えを持つ人ばかり。どうしたらイクメンになりそうな男性に出会えるんですか」

その疑問はもっともですね。将来のイクメンの見分け方があればぜひ知っておきたいところです。ある女性から、こんなアドバイスをいただきました。

「彼氏の言動は、つきあっているあなた自身の鏡だと思ったほうがよさそうです。つまり、あなたが『私は将来あたりまえに働く』と心の底から思っているなら、それは日常の言動から伝わります。そしてそういう女性が好きで、サポートしたいと思う男性しか寄ってこなくなるはずですよ」

これは言いかえると、相手に依存しているとイクメンは寄ってこないということ。女性が自立していれば、そんなあなたにぴったりの男性が現れるということなのでしょう。

また、よくいわれるのが「イクメンはほめて育てる」という言葉ですね。166ページからのコラムで紹介しますが、これまで、日本の男性は世界で一番家事時間が短く、それが出生率の低さにもはっきりと表れていました。

でも、絶望しないでください。家庭科を一緒に習ってきたイマドキ男子の多くは、家事も育児もごく自然にやっていきたい気持ちを持っています。

気持ちはあるのですが、専業主婦のお母さんと、そのお母さんに何もかもおまかせで仕事一筋だったお父さんを見て育ってきたイマドキ男子。すぐに家事も育児も完璧にできるなんて、過剰な期待をしてはいけません。あなたが少しずつお母さんになっていくのと一緒に、ほめて、ほめられて、少しずつイクメンに育ってもらいましょう。そして、結婚前、出産前から「子どもができたら、どう2人で協力していくか」を話しましょう。お金のことも、ちゃんと話し合いましょう。「察して」は男性には通じませんから。

相手に依存していると、イクメンはゲットできません
「イクメンはほめて育てる」の精神で！

コラム●男子のためのワーク&ライフバランス講座

カギを握るのは男性

少子化の日本の未来は、男子がこれからどう動くかにかかっています。

図39の左のグラフを見てください。現在の日本は先進国のなかでも男性の家事・育児時間が最短です。そして、男性が関わる時間が短い国ほど少子化になっていることが、右のグラフからわかります。

今の日本では、共働きでも専業主婦でも、男性の家事・育児時間にはほとんど差がありません。先進国の女性はパートナーの男性に、そしてアジアの女性はメイドさんやベビーシッターに、多くの人にそれぞれサポートされているというのに、日本の女性だけが「孤独な子育て」を強いられているのです。

男性がどれだけ家事や育児を「自分ごと」としてとらえていくか。そこで日本の未来は大きく変わります。カギを握るのは夫なのです。

図39　先進国の男性の1日あたりの家事・育児時間と出生率

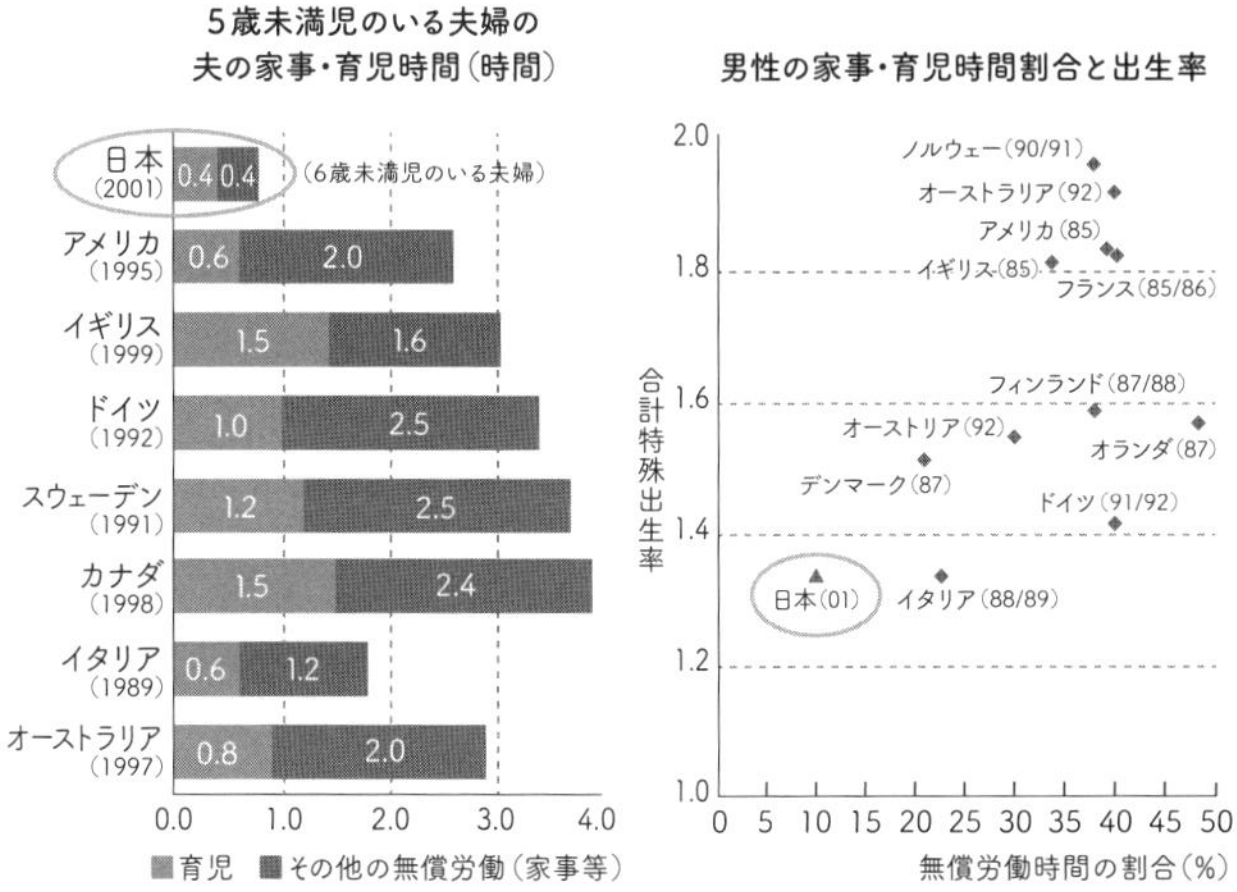

第1子誕生後に カップルの真価が問われます

夫がいかに妻と心をあわせて育児をやっていくかで、最終的に持つ子どもの人数も変わります。最初の子どもが産まれたときに、夫が育児をしなかったカップルは、「次の子どもを持ちたい」というモチベーションが大きく低下していくのです。

図40を見ると、休日の夫の家事・育児が「ゼロ時間」という夫婦が11年間に次の子どもを持つ確率は1割以下。でも、夫が6時間以上手伝ってくれる夫婦は、7割弱が第2子に恵まれます。

図40　夫の協力と第2子出生の有無

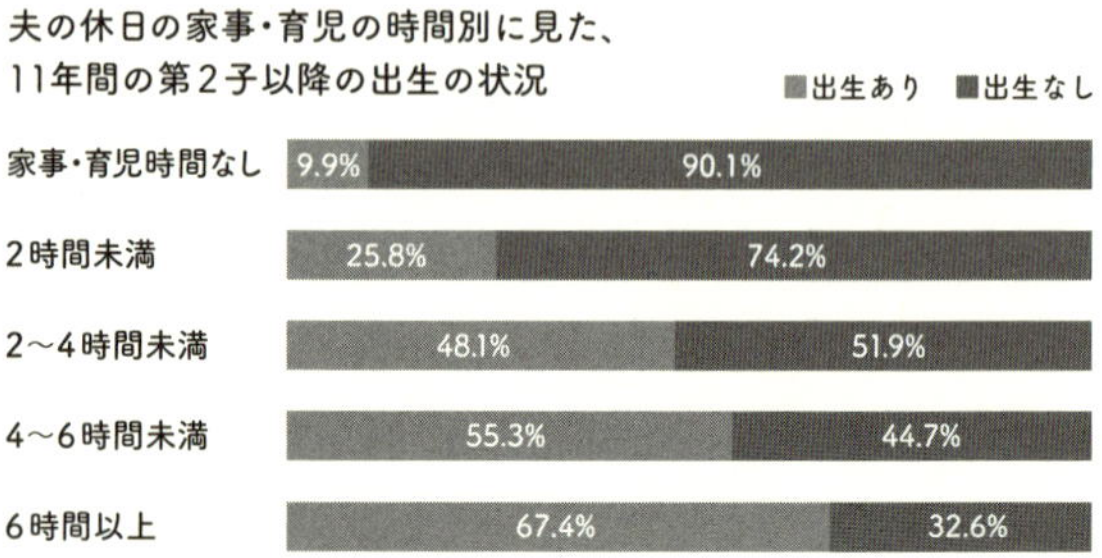

第1子が産まれたばかりのときは、ママも初心者。突然社会から切り離され、慣れない育児と、24時間子どもを守っていなくてはいけないという緊張感で、まさにパニック状態です。そこで、この時期の夫の態度が「その後11年間の愛情」を決めるといわれています。「産後クライシス」といって、ここを乗り切れずに離婚となってしまう夫婦もいるほど。笑顔の家族になるためには、この時期をしっかり支え合うことが大切です。ぜひ男性も育休がとれたら、短期間でもとって、産まれたばかりの赤ちゃんと母親と一緒に過ごしてください。3日もあれば、「たったひとりではできない大事業」なのが、わかります。

⑦働く女性が新しい社会をつくる

第３のハードル、答えは「共立」

「仕事と子育ての両立」という第３のハードルについて考えてきました。両立をにらんだ就活はもちろん大切ですが、実際に働き始め、子どもを育て始めてみると、自分で解決できることばかりではありません。

人間はひとりで子育てする動物ではありません。昔からコミュニティをつくり「共同繁殖」をしてきたのです。

パートナーはもちろんのこと、仕事仲間、パパ友やママ友、祖父母や地域の人たち、保育園の先生や学校の先生、地域の方たち、あるいはまったくの他人まで、周囲のありとあらゆる人と支え合うことが大切です。

「人に迷惑をかける」としり込みする必要はありません。笑顔でたくさん感謝の言葉を伝え、また、自分ができるときにお返しをしていけばいいのです。

それらの人たちを、ときに巻き込み、協力と理解を得、応援を得て、共にやっていく。そうです、解決するための答えは「共立」です。

ダイバーシティ(多様性)を活かす

今まで「24時間働けていつでも転勤可能」という人しか、働き続け活躍できなかった形から、さまざまな人が生き生きと働ける場に、企業や働き方が変わろうという動きがでてきています。それが「ダイバーシティ(多様性)」を活かす経営です。1つの原因は人手不足。女性や高齢者などあらゆる人の力をかりても、足りません。もう1つは企業の価値を高めるためです。

ダイバーシティは「新しいアイデアやサービス」という企業の新しい「付加価値」をつくるためには欠かせないからです。新しいアイデアやサービスは「多様性」があるところに生まれます。またリスクも減ります。メルセデス・ベンツの社長が「音声認識ソフトを開発したら、男性だけのチームだったので、女性の声が認識できないソフトができてしまった」と言っていました。何億、何十億という開発費用が無駄になります。

そして「長時間労働なのに生産性が低い」ことも日本の問題です。今「業務効率を高めて、短い時間で成果を出しましょう」という声があちこちで聞こえています。でもそれをすでにやっているのがワーキングマザーや子育てに熱心なワーキングファーザーです。子どものお迎えで、強制的に「仕事を終了する時間」が決まっているので、工夫をして、すごく生産性の高い働き方をしています。

生産性が問われるようになると、お手本は「できるワーキングマザー」なんですね。

働き続ける女性が増えれば増えるほど、新しい働き方が広がっていき、新しい評価軸ができ、「働き方革命」が起きるのです。

図41　働く女性がつくる「新しい働き方」

多様性を許さない企業		産みやすい企業（ダイバーシティを活かす経営）
よい社員は「24時間働きます！」「いつでもどこでも転勤できます！」	→	社員が100人いれば働き方は100通り
年齢と役割が硬直した人事制度	→	柔軟に選べるコース設定
時間で評価 評価基準がクリアではない	→	生産性をクリアに評価
会社の人事で異動するジェネラリスト	→	自分の市場価値を認識し活躍するスペシャリスト

図42　働く女性が増えると解決する社会問題

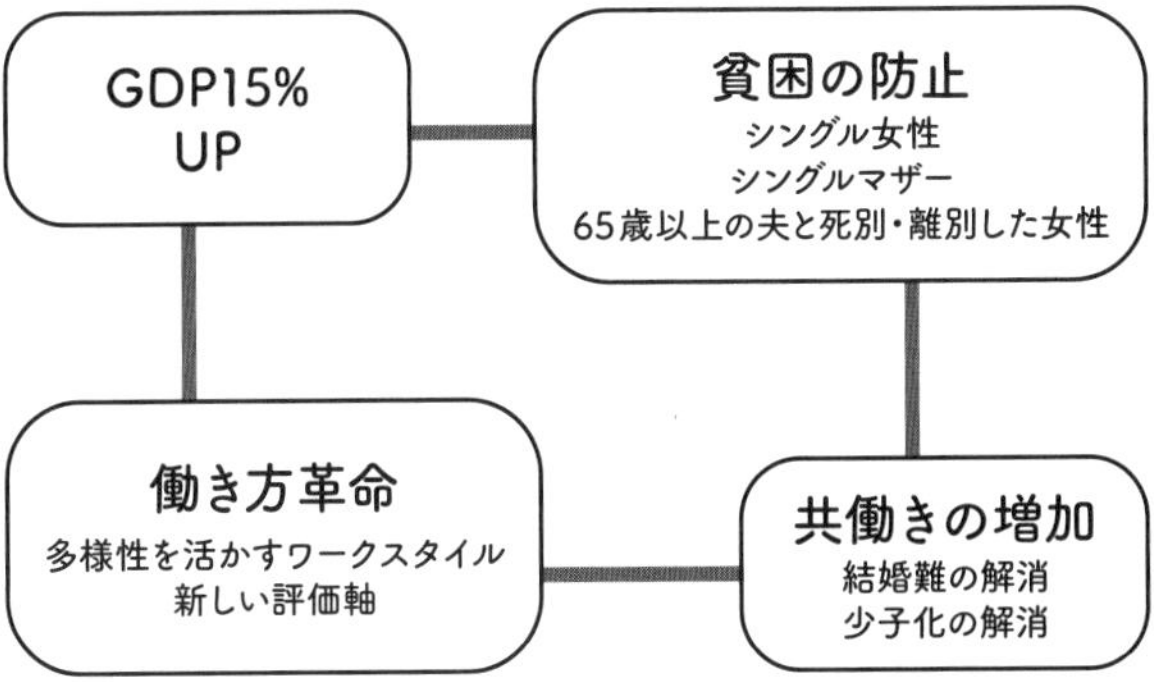

女性労働力の活性化で解決する諸問題

女性が子どもを産んであたりまえに働ける社会になれば、さらにさまざまな社会問題が解決されていきます（図42）。

「埋もれた力」とも呼ばれる女性労働力の活性化で、ＧＤＰ（国内総生産）が15％アップするという試算もあります。共働きカップルの増加で、結婚難は解消し、少子化緩和にも貢献します。女性が働き続け、自立し、自分で老後の財産をつくれるようになれば、シングル女性やシングルマザー、そして65歳以上で夫と死別・離別した女性たちの貧困問題への抑止効果もあります。

働く女性がふえると、「24時間働いてあたりまえ」という日本の企業文化に「働き方革命」が起きます。時短をとったり、残業せずに定時で帰っても、きちんと成果を上げるワーキングマザーが増えれば、「無駄な残業」が浮き彫りになります。ITの恩恵で、場所や時間にとらわれないワークスタイルも発展します。「夕方17時からの会議」がなくなるだけで、両親と子どもが笑顔で夕食をともにできるようになるでしょう。

次世代のロールモデル

そして、働く女性は次世代の「働く女子のそのパートナー」を育てるお母さんになります。

今の大学生は、8割が一時期専業主婦になったお母さんの子どもたち。女子は「子育てとの両立は想像できない」と言い、男子は「子育ては女の役目」と思ってしまう。両親の「片働きロールモデル」が強くしみ込んでいます。一方、

２割の働くお母さんの子どもたちの大部分は「お母さんが働くことはあたりまえ」と思って育っているのです。

政府も企業もみなさんも

次世代の日本の女性が「望む人が産めること、働くことはあたりまえ」、そして男性が「ともに子育てすることがあたりまえ」と思えるためには、本人、企業、政府がうまく連携し合って動くことが大事です。

企業には、次世代育成の負担を担う覚悟をもって、多様な人材と多様な働き方を認める組織に変容してもらいたいですね。働き方を選べるようにしたり、評価の方法を見直したり、できることはいろいろあります。まずは「夕方17時過ぎの会議」をやめるだけで違うはずです。

政府には、もっと共働きしやすい制度で応援してほしい。たとえばフランスは、子どもの保育などにかけたお金が税金の還付対象となったりします。もちろん保育園に入れないこともありません。大学までタダでいけて、子育てにはほとんどお金がかからないようになっています。フランスは特に「少子化対策」はせず、子育てと「女性の両立」にお金をかけて支援しています。その結果「子どもがたくさん産まれている」のです。「出生率は社会がうまく回っていることとのバロメーター」とされています。子育てとの両立を応援するのは2つの理由だそうです。「人口の半分の女性が働いてくれることが国力をあげる」こと、そして「子どもの貧困防止」です。

小さな子どもを抱えて働くシングルマザー（ファーザー）が幸せになれる社会が、すべての人が幸せな社会といえるのではないでしょうか？

子育てする人に配慮する企業には、さまざまな優遇措置で支援をしてもらいたいものです。融資を受けるとき、金利が安くなる制度とかどうでしょう？

学生のみなさんは、未来を創る人たちです。どんどん自分たちで新しい働き方や生き方をみつけていってほしい。

子育ては長い人生のすべてではありません。子育てが終ったあとも人生は続きます。そして、上をめざす人はどんどんめざしてほしい。子育ての時期が終わったらぜひ、望む人は出世してください。また、周囲にいる出世する女性の足をひっぱらずに、応援してあげてください。

重要な決定の場に、3割以上の女性が、それも「子どもを持った女性」がいてほしい。3割は場を変える力があります。

仕事と子育ての両立の問題を解決するキーワードは「共立」です
女性が子どもを産んであたりまえに働ける社会に！

第5限

〝不妊治療大国〟の現実

——齊藤英和＋白河桃子

①妊娠を望むとき望まないとき

排卵と月経のサイクル

女性の体のサイクルに関わるさまざまなホルモンの働きが、月1回の月経と排卵のサイクルを起こしています。

月経のころに脳下垂体から出る卵胞刺激ホルモン（FSH）が卵巣を刺激し、卵子が成熟を開始します。成熟し始めた卵胞（卵子を入れている袋）は血液中にエストロゲン（エストラジオールを含む）というホルモンを分泌して、子宮内膜が増殖します。卵子は成熟しながら、約2週間かけて排卵へ向かいます。エストロゲンが増加してくると黄体化ホルモン（LH）が大量に放出され、排卵が起こります。

図43　排卵と月経のサイクル

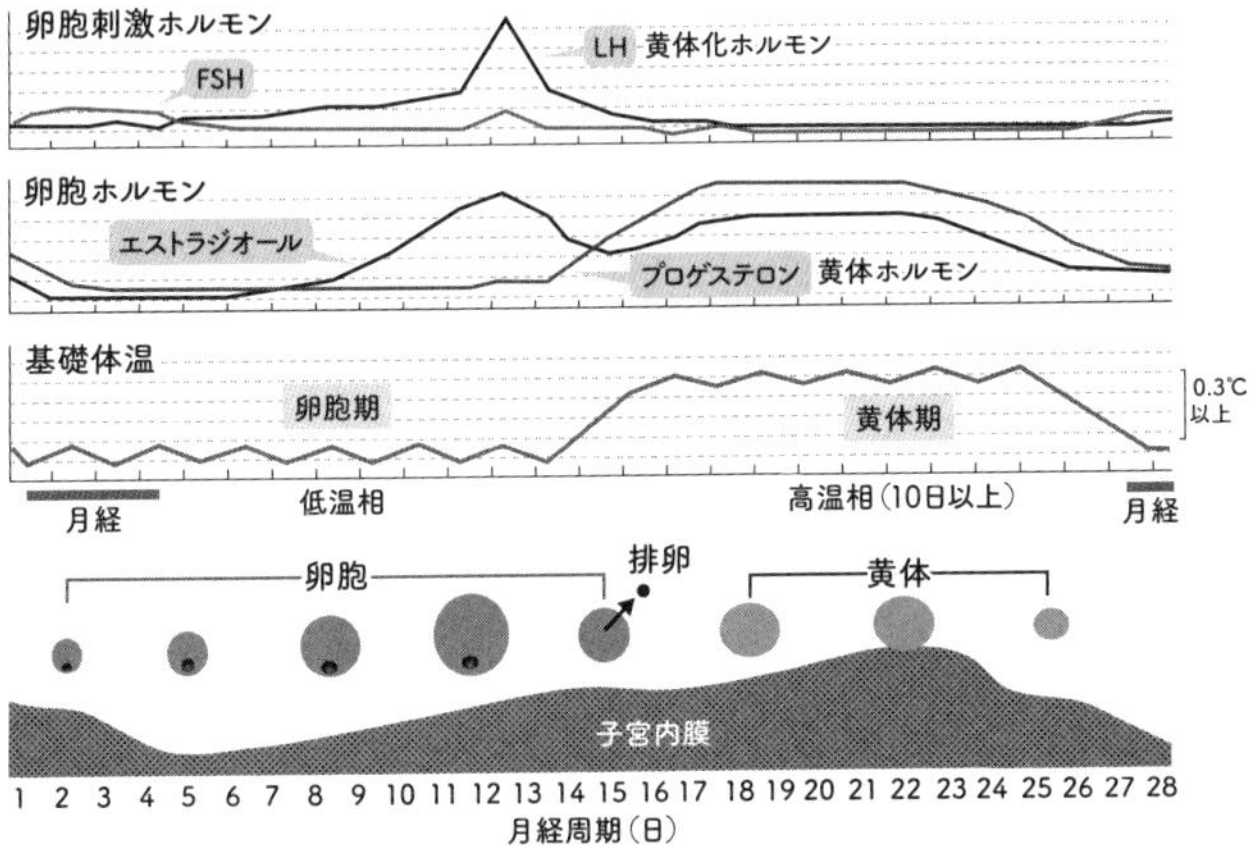

排卵後、卵巣に残った細胞は黄体となります。ここから出る黄体ホルモンが子宮内膜を厚くするのは、受精卵を受け入れる準備のため。

卵管で卵子が受精し、子宮に運ばれ、着床すれば妊娠が成立します。

卵子が受精しなければ、黄体は退縮して黄体ホルモンは出なくなり、排卵の２週間後には次の月経が始まります。

基礎体温を測りましょう

個人差はありますが、月経周期はふつう26〜35日くらいです。

月経から排卵までは、体温は低め（低

温期）で、排卵を境に体温は上昇します（高温期）。妊娠しなければ、高温期は約２週間（12～16日間）続き、次の月経がきます。

これが低温気と高温期の２つの相を呈する二相性といわれる状態です。ここで妊娠していれば、しばらく高温期が続くことになります。

体の状態を知る手がかりとして、基礎体温の情報はとても重要です。

デリケートな体温の変化をキャッチしなくてはならないため基礎体温は、朝目覚めたときに、口中で測定するのが基本です。毎日計測して記録するのはめんどう……という人もいますが、最近はメモリー機能つきの体温計や、基礎体温を入力して記録することのできるアプリもあります。それぞれ、次の月経予定などをお知らせする機能などもあるようですから、試してみてはどうでしょう。

ピルとコンドームで避妊を

白河さんは、「妊活とは、意志をもって授かること」と定義しています。まっ

図44　避妊について正しく知ろう

ピル	どんなもの	医師が処方する女性ホルモンの入った薬を飲むことで、排卵を止める。
	メリット	避妊効果が高く、失敗はない。女性主体で避妊できる。月経痛の緩和や子宮内膜症の予防にも。
	デメリット	毎日薬を飲まなければならない。慣れるまで吐き気や不正出血の副作用があることも。
コンドーム	どんなもの	男性のペニスに装着して精子をとじこめ、女性の膣内に入らないようにする。
	メリット	コンビニや薬局などで簡単に手に入る。性感染症予防に役立つ。
	デメリット	男性の協力がないと使えない。正しく使えば失敗は少ないが、確実ではない。

たくそのとおりで、ライフサイクルを考えたとき、子育ては人生のなかでも特別な時期になることでしょう。だからこそ、産みたいと思ったときにきちんと産めるように、「今ではない」という時期にはきちんと避妊をしましょう。

避妊法としては、女性が主導権をもてるピル（OC・低用量経口避妊薬または低用量ピル）の服用を一番におすすめします。

ピルは女性ホルモンの入った薬のこと。異なる薬をサイクルにあわせて飲み、排卵を止めながらリズムを整えます。間違えずに飲めばほぼ１００％近い避妊効果があるばかりか、生理不順、生理痛の緩和にも効果があります。また、ピルは子宮内膜症の発症を予防する効果もあります。ピルを服用するには、婦人科の受診が必須ですが、これはかかりつけの医師を持つという意味でもおすすめです。

パートナーに理解があって、正しく使用できるという前提が必要ですが、コンドームの避妊効果も期待できます。コンドームは性感染症予防にも役立ちますので、たとえピルでサイクルをコントロールしていても、コンドームの使用を習慣にするとよいでしょう。

体のサイクルを知るために基礎体温の測定は重要です
女性が主導権をもてるピルによる避妊がおすすめ

②知っておきたい不妊治療の基礎知識

不妊症の原因は男女半々

〝不妊治療大国ニッポン〟の現状をお話しする前に、まず、不妊症について一般的な説明をしましょう。

日本における不妊症の定義は「妊娠を試みて1年たっても妊娠しないカップル」です。しかし実際には、不妊期間がそれより短くても検査や治療を開始することもあります。

妊娠が成立するためには、精子と卵子が出会って受精して、子宮内膜に着床するための多くの条件をクリアしなくてはなりません。女性が35歳をすぎると妊娠しにくくなるとお話ししましたが、図45のように、年齢以外にもさまざまな不妊の原因があります。

不妊症の検査をすると、一般に、20〜25%のカップルは原因不明です。原因がみつかるカップルでは、ホルモンや排卵のメカニズムにトラブルがある排卵因子が25〜30%、卵子を取り込み受精するまでの道筋にトラブルがある排卵因子と、受精した卵子が着床することにトラブルがある子宮因子が30〜35%、精子の数や機能にトラブルがある男性因子が30〜35%といわれています。複数の原因が重なることも多いので、カップルとしてみてみると、男性因子と女性（排卵・子宮）因子は、およそ半々ぐらいとなります。

生殖において女性の受け持つ機能はとても複雑です。そこで、不妊はどうしても女性の問題ととらえられがちですが、このように、男女双方に原因がありうる男女の問題だということを知っておいてください。

図45　不妊症の主な原因

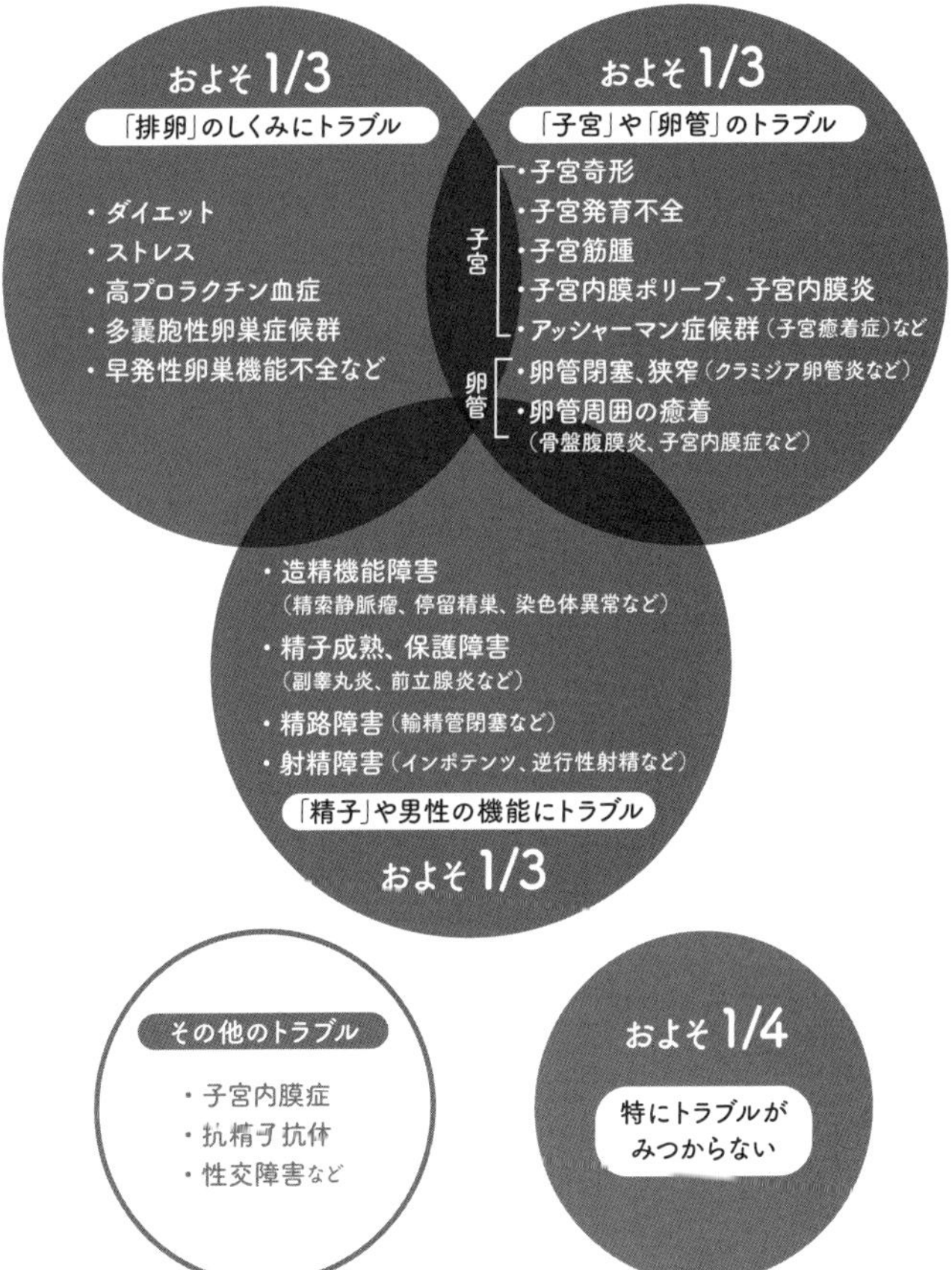

およそ1/3
「排卵」のしくみにトラブル
・ダイエット
・ストレス
・高プロラクチン血症
・多嚢胞性卵巣症候群
・早発性卵巣機能不全など
およそ1/3
「子宮」や「卵管」のトラブル
子宮
・子宮奇形
・子宮発育不全
・子宮筋腫
・子宮内膜ポリープ、子宮内膜炎
・アッシャーマン症候群（子宮癒着症）など
卵管
・卵管閉塞、狭窄（クラミジア卵管炎など）
・卵管周囲の癒着（骨盤腹膜炎、子宮内膜症など）
・造精機能障害（精索静脈瘤、停留精巣、染色体異常など）
・精子成熟、保護障害（副睾丸炎、前立腺炎など）
・精路障害（輸精管閉塞など）
・射精障害（インポテンツ、逆行性射精など）
「精子」や男性の機能にトラブル
およそ1/3
その他のトラブル
・子宮内膜症
・抗精子抗体
・性交障害など
およそ1/4
特にトラブルがみつからない

不妊治療は「妊娠の手助け」

不妊症の検査には、検査自体に治療効果が期待できるものもあります。たとえば、卵管がつまりぎみだった場合に卵管のレントゲン検査をすると、造影剤が卵管を広げることになって検査後に自然妊娠しやすくなることなどが知られています。

不妊検査で原因がみつかれば、投薬治療などや手術を行うこともあります。たとえば排卵誘発剤でホルモンのサイクルを整えたりします。

精子の数が少ない、卵管が閉塞しているなど、妊娠をはばむ明確な原因がある場合は、すぐに体外受精などの高度生殖医療にすすむこともありますが、一般的には、自然に近い軽めの治療から段階を踏んでトライしていくことになります。

以下に、妊娠の手助けとしての治療の概要を簡単に説明します。

タイミング法：排卵の予測を手伝う

基礎体温をつけたり、薬局で購入できる排卵検査薬（尿で判定するキット）を使用して、自分で妊娠しやすい日を予測することができます。それでもなかなか妊娠しない場合、婦人科では一般的な不妊検査と並行してタイミング法をすすめられることがあります。

これは医師が超音波で卵胞の大きさなどを確認し、妊娠のための性交のタイミングを指導する方法です。妊娠率を上げるために軽い排卵誘発剤を処方することもあります。健康保険の適用がありますが、一部に制限があり、１周期あたり２０００～１万円ほどの負担になります。

人工授精：精子の到達を手伝う

タイミング法と同様に排卵日を予測し、医師の指示で採取した精子を、カテーテルを使って人工的に子宮に注入する方法です。精子が卵管に到達して受精するまでの道筋を少し短縮します。カップルの年齢や不妊原因によって異なりま

図46　体外受精（さまざまな方法の一例を示します）

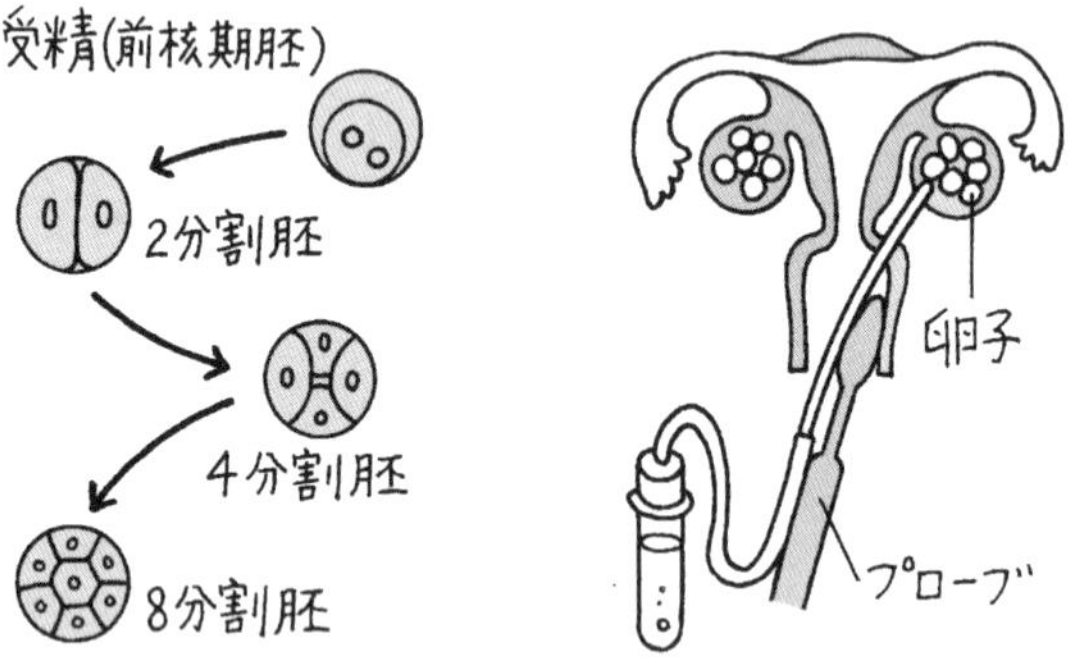

卵子を入れた培養液に精子を加え、2〜8分割に育った胚（受精卵）を子宮に戻します。

薬で卵巣を刺激し、多くの卵胞を成熟させ、卵胞液ごと卵子を吸い出して採卵します。

すが、1回の治療で子どもを抱ける確率は5％程度ともいわれます。意外に高くないという印象を持たれるのではないでしょうか。

健康保険の適用はなく、1周期あたり5000〜3万円ほどかかります。

体外受精…受精の過程を手伝う

体外受精など、高度な生殖に関する技術を生殖補助医療（ART）と呼びます。排卵誘発剤などを使って成熟を促した成熟卵胞から、卵子を細い針でとりだし（採卵）、精子とあわせて（媒精）、受精卵（胚）になれば培養を続け、子宮に戻す（胚移植）という方法です。子宮に戻された受精卵が着床し、妊娠が成立すれば、そこから出産までの流れは自然妊娠とかわることはありません。

1回の治療で子どもを抱ける確率は、人工授精より高い数字が期待できます。詳しくはこのあとのページで説明します。

凍結・融解胚移植や顕微授精など、生殖補助医療の技術にはさまざまなバリエーションがありますが、みなさんに理解しておいてほしい最低限の情報に限定するため、この本では生殖補助医療による治療を総称して「体外受精」と表記しています。

費用は自費で、施設によって差がありますが、1周期あたり30万円〜50万円ほどかかることが多いようです。通院の回数も増え、金銭的な負担に加えて肉体的精神的な負担を強く感じる人も多くなります。

不妊治療のステップアップ

これらの治療をすれば、誰もが子どもを抱けるというわけではありません。

図47　不妊治療のステップアップ

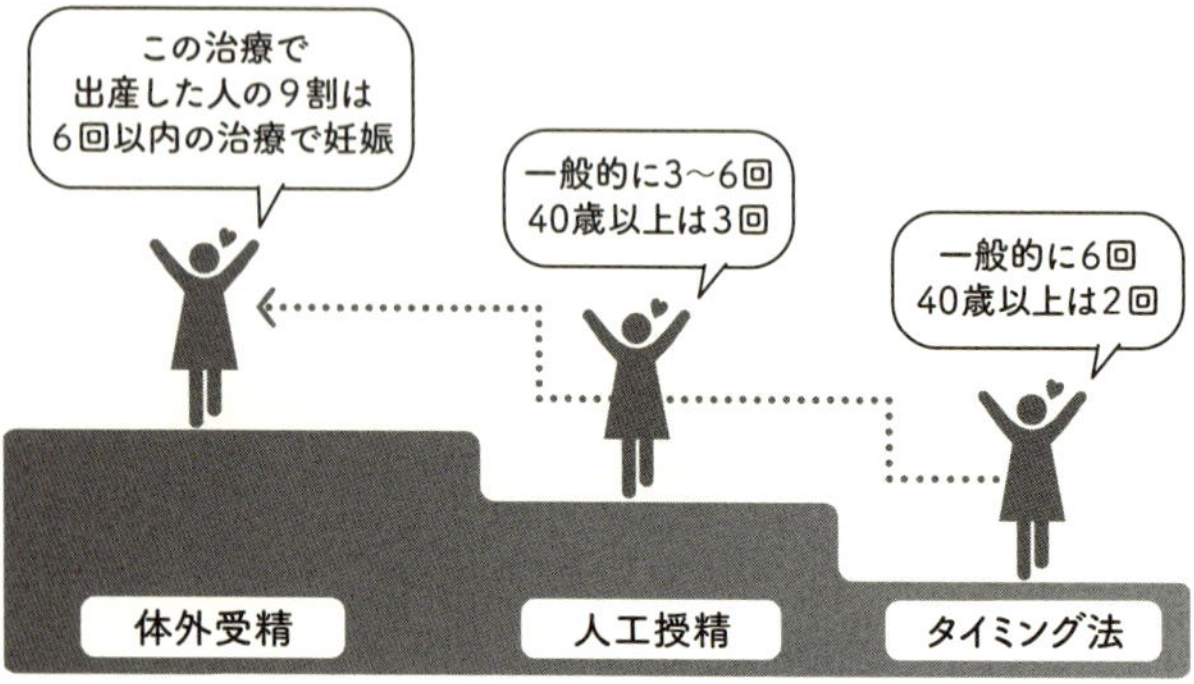

図47に示すように、特に不妊の原因がみつからないカップルの場合、まずタイミング法を何度か試してみて、それで妊娠できない場合には人工授精、さらに体外受精と、治療をステップアップしていくことが一般的です。

また、体外受精は、繰り返せば結果が出るというわけではありません。この治療で出産に至った人の9割は、治療6回以内で結果を得ています。不妊治療の技術はたいへん進歩しましたが、妊娠という神秘的な現象にはまだまだ謎も多いのです。

不妊治療の定義は「妊娠を試みて1年たっても妊娠しないカップル」
不妊治療は、より自然に近い手助けからスタートします

③不妊治療大国の背景にあるもの

日本の治療施設数は世界一

最初に体外受精が行われたのは1978年のイギリス。夢の新技術はまたたくまに世界に広がって、日本では1982年から体外受精による治療が始まりました。それから30年あまり。技術は改善され、新しい方法も次々と開発され、不妊治療は飛躍的な発展をとげました。

今日本では、大病院から民間の不妊治療専門施設、さらに小さな診療所まで、生殖補助医療を受けることのできる施設がたくさんあります。全国の登録施設数は2014年で598施設。これは、世界でも類をみない多さです。不妊治療が盛んで人口は日本の約2倍というアメリカでも400施設程度ですから、

図48　体外受精などの年別治療件数

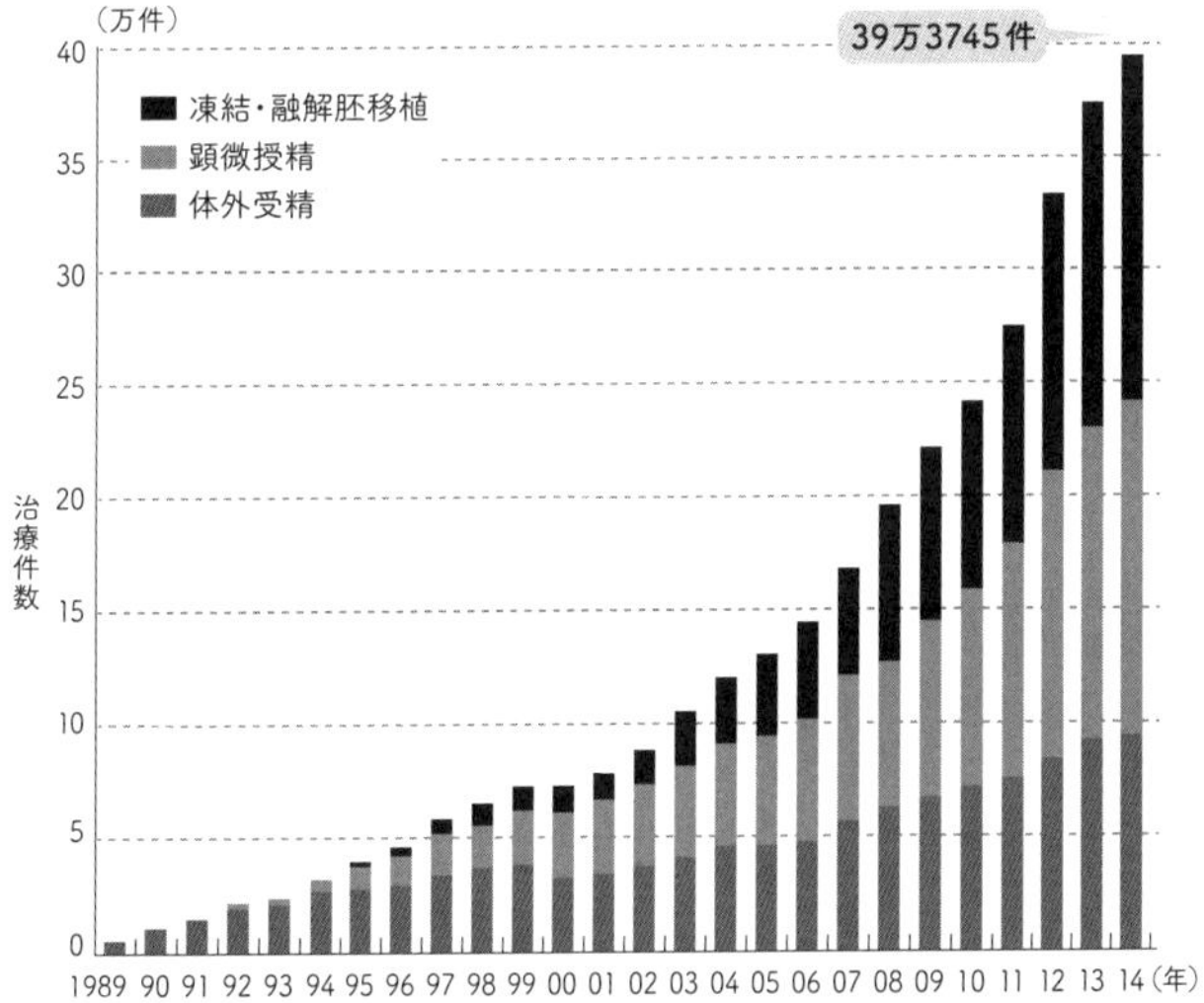

日本の不妊治療施設がどれほど多いかわかりますね。

治療件数も右肩上がり

年間の治療件数をみてみましょう。２０１４年の数字でおよそ39万件、これも世界有数です。図48にみるとおり、体外受精、顕微授精、凍結・融解胚移植と３種類の治療内容ごとの件数とその合計数は、右肩上がりでどんどん増えています。１９８９年と比べると、25年あまりで89倍以上の増加となります。

生殖補助医療の治療方法は、当初

はみんな体外受精でした。その後、精子1つと卵子を出会わせる顕微授精、そしてできた受精卵をいったん凍結保存して体調を整えた別周期に体内に戻す凍結・融解胚移植など、治療の傾向にも変化はありますが、トータルの治療件数は上昇を続けているのです。

誕生した子は1クラスに1人以上

2014年に、体外受精などの治療で生まれた赤ちゃんは4万7322人と報告されています。これは、誕生した子どもの21人に1人。今や、これらの治療は特別なことではなく、体外受精で生まれた子どもが1クラスに1人はいるという、「ごくありふれた光景」になっているのですね。

高い年齢層の治療が増加中

図49は、2007年から8年間の治療実施数の変化を表したグラフです。年間の治療件数は16万件から40万件と、24万件も増えています。治療数の山がこ

図49　最近8年間の生殖補助医療治療件数の変化

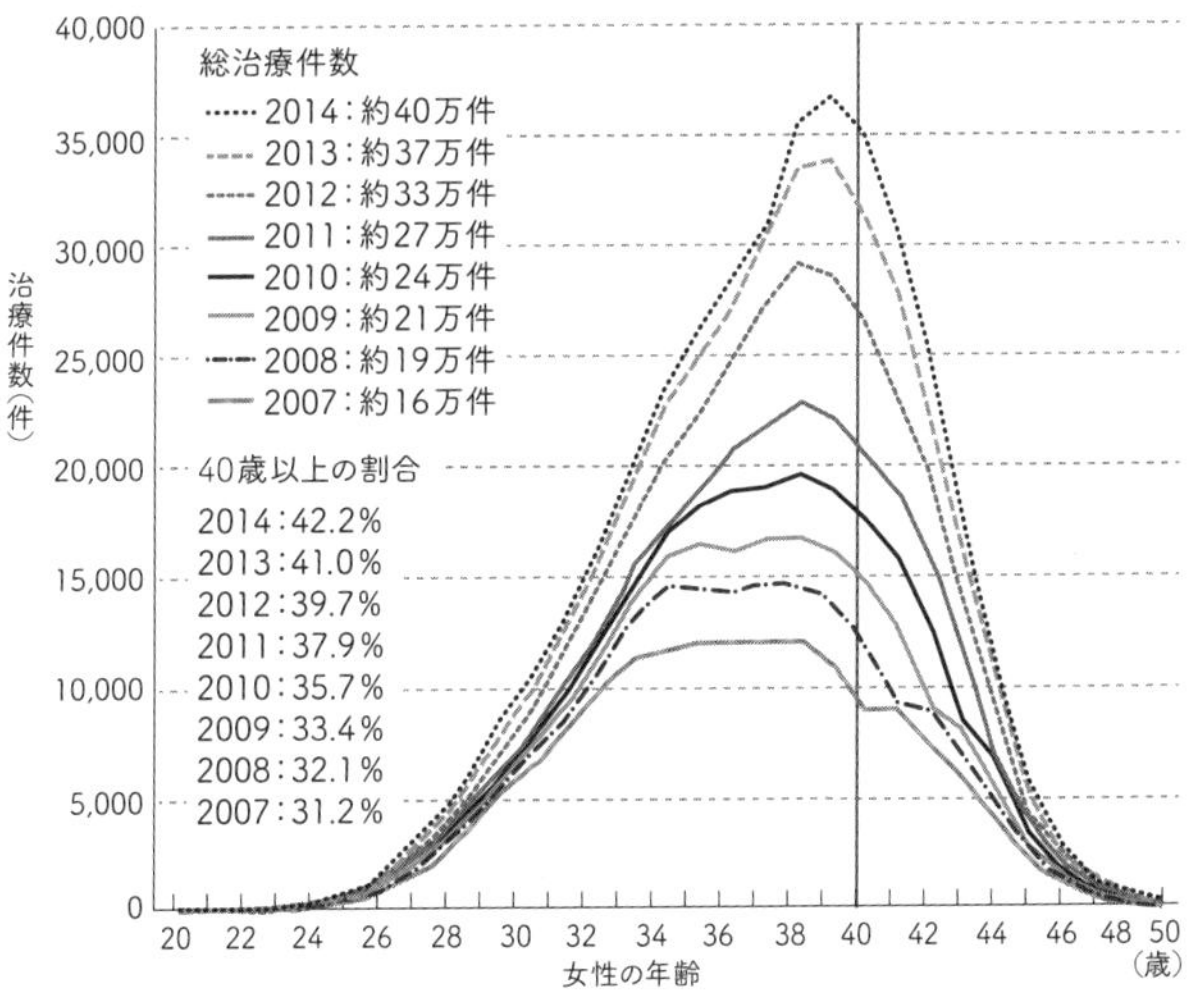

の8年で年々高くなり、しかも、山のピークが年々右に移動しているのがわかります。

どの年代で増加しているのでしょう。

20代の実施数をみると、この8年間の線がほぼ重なっていて、大きな変化は見られません。しかし、30代後半から40歳すぎで体外受精を行う人は年を追うごとに増えており、高い年齢層が全体の件数を押し上げていることがよくわかると思います。

40歳のところに、補助線を引いてみましたが、この補助線をたどってみると、1年ごとに山が高くなっていく様子がわかると思います。
総治療件数に占める40歳以上の女性の割合も、2007年の約31％から2014年には約42％へと上昇しています。ここ数年は、実施された治療件数の3分の1以上が、40代によるものです。

体外受精などで生まれた子どもは21人に1人
40代の治療が増えています

④体外受精があるから40代でも大丈夫？

夢のための治療、その成功率は？

体外受精は病気の治療と異なり、夢のために行うという側面があります。自然妊娠が困難なカップルにとって、妊娠することが目標ではありません。新たな家族に出会うという「夢」が最終目標です。では、治療を受けた人はみんな子どもを抱くことができるのでしょうか。

体外受精などの治療の「成功率」を表す数字にはさまざまな定義のしかたがあります。実施周期ごとに、受精卵ができた率や、胚移植ができた率を成功率とすることもありますし、妊娠反応が出れば成功とカウントすることも多くあります。しかし実際には、妊娠反応が出てからも、流産などの妊娠中のトラブ

図50　高度生殖医療による年齢別「生産率」と「流産率」

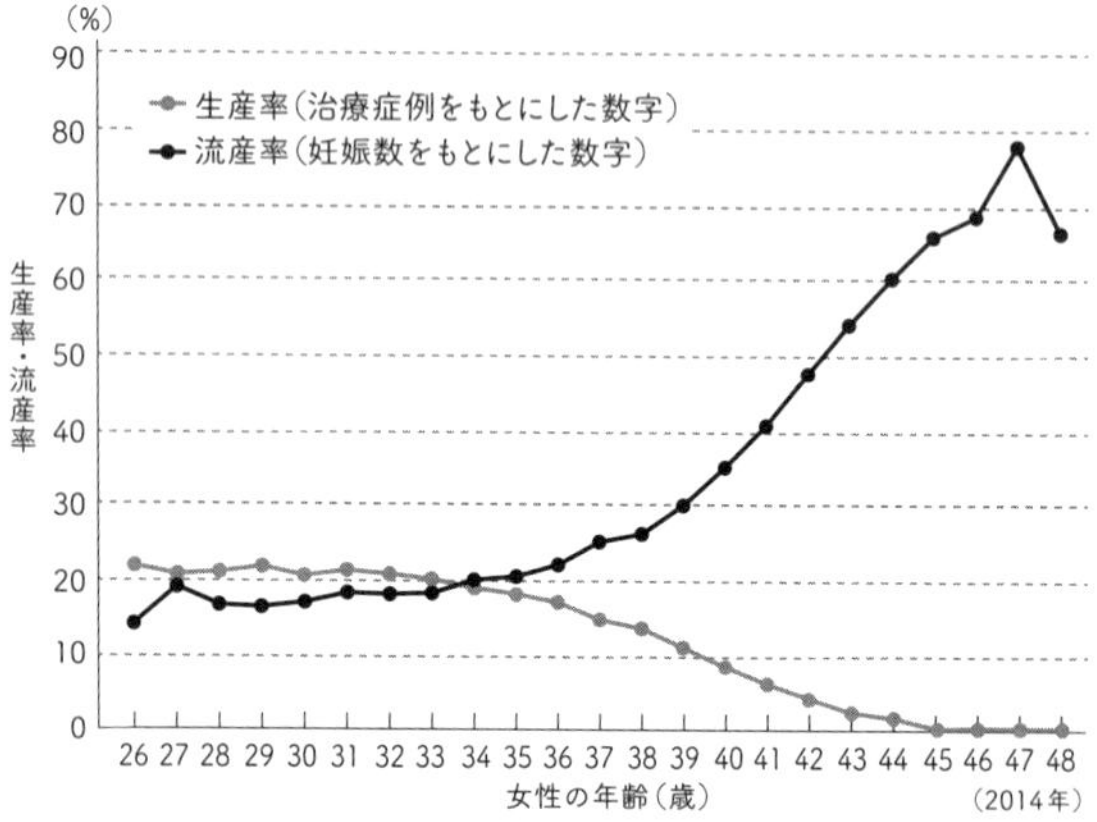

ルの可能性があるのです。

治療を受ける人にとっての本当の成功率は、体外受精を開始して妊娠し、無事に出産して赤ちゃんを抱ける確率でしょう。これを「生産率」と呼びます。

女性の年齢によって異なる生産率

体外受精の妊娠率は、30代後半から下がり始め、40代でだいぶ低くなります。同時に、流産率は、30代前半までは15％ほどですが、30代後半で20％台、40代以上は40％以上。妊娠率が下がって流産率が急上昇するため、赤ちゃんを抱ける確率は年齢によって極端に下がっていきます。

図50は２０１４年の高度生殖医療による生産率と流産率を女性の年齢ごとに表していますが、生産率をみると32歳ぐらいまでは約20％。５人に１人、あるいは5回に1回の成功率ともいえますね。

しかし、年齢が上がるにつれ生産率は徐々に下がっていき、40代になると激減します。40歳では8・7％。それでもかなり低いと感じられると思いますが、43歳では2・7％。45歳では0・8％、47歳ではわずか０・17％となっています。

０・17％というと、「５８８分の１」です。５８８回治療して１回成功する、あるいは５８８人が治療にトライして１人成功するというのですから、いかにまれなことかわかるでしょう。

赤ちゃんが１人生まれるのに１億円？

この値から、体外受精などの生殖補助医療で「１人の赤ちゃんが生まれるために支払われた医療費」を試算してみると、どういうことになるでしょうか。

図51　年齢別の生産率を費用対効果で考えると……

年齢（歳）	生産率（%）
47	0.17
45	0.8
43	2.7
40	8.7
38	13.6
35	18.1
33	20.1
30	20.6
28	21.2
25	21.5
23	16.5

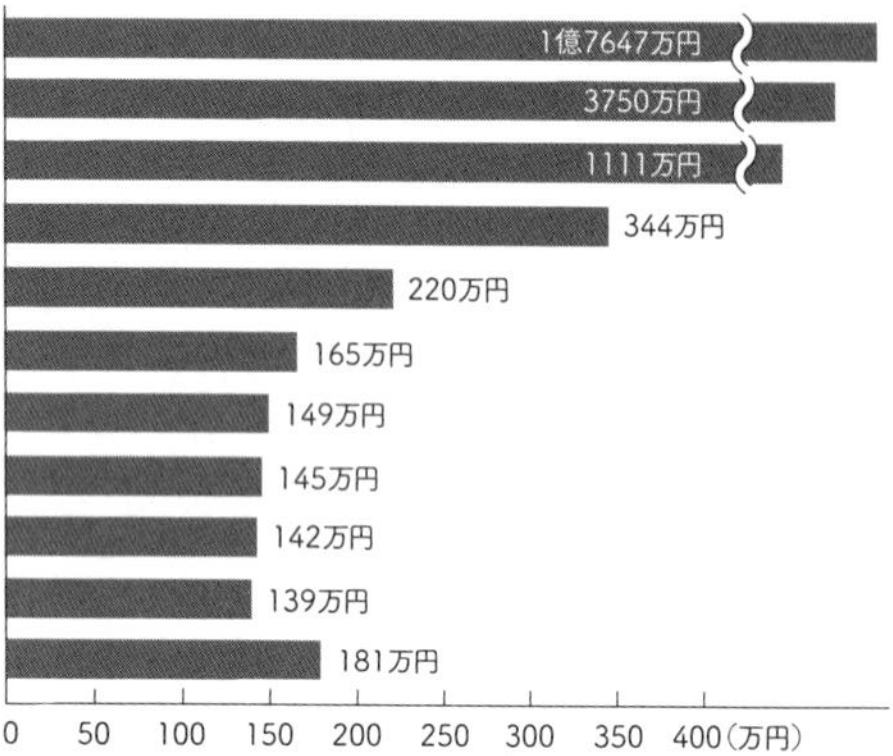

※治療1回あたり30万円として試算

１周期の治療で平均30万円かかるとしましょう。

33歳までは約20%（５回に１回）の生産率ですから、30万円×５回＝約１５０万円。33歳までの女性が体外受精で赤ちゃんを産むために１５０万円の医療費が支払われたという計算になります。

同様に計算していくと、40歳では３４４万円。この金額でも充分驚きに値すると思いますが、43歳では１１１１万円、45歳で３７５０万円、47歳ではなんと１億７６４７万円という数字が弾きだされました。

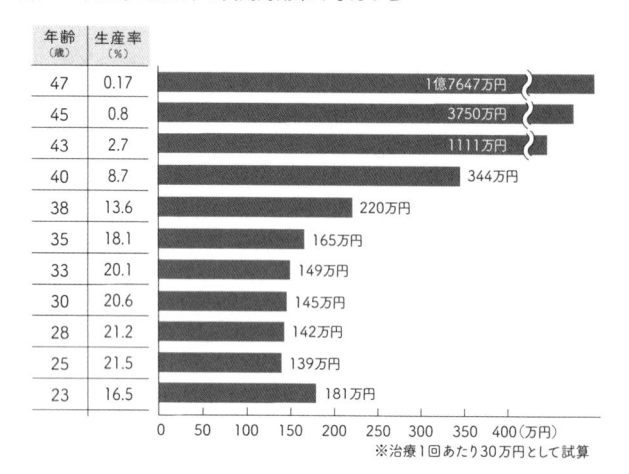

もちろん計算上の金額ですから、実際にこの金額を投資した人がいるわけではありませんし、この額を投資すれば赤ちゃんが生まれるということでもありません。治療の成功の陰には、多くの成功に至らなかった治療があることがわかると思います。高齢化している不妊治療の厳しい現実を理解するための、重要なヒントとなるのではないでしょうか。

生殖補助医療による生産率は40歳でわずか8・7%
47歳で体外受精に成功するには1億円以上かかるという試算も

⑤少子化対策、社会の取り組み

不妊治療助成金のこれから

以前の制度では、年齢制限なしで申請1回あたり治療費の補助として上限15万円（所得制限あり）、最大10回まで（通算5年以内）。申請には年間の回数制限もあり、初年度は3回、以降は年間2回までとされていました。

これまでは、助成に年齢制限をもうけなかったこともあって、助成金が高齢の人の治療を長引かせているのではないかという指摘がありました。また、年間の回数制限があるために、最大10回の助成を受けると5年間に及ぶことから、治療の長期化（高齢化）につながるという指摘もありました。

そこで2016年に、特定不妊治療費助成制度の見直し案が提案されました。

図52　特定不妊治療費助成制度の見直しポイント（平成28年度以降）

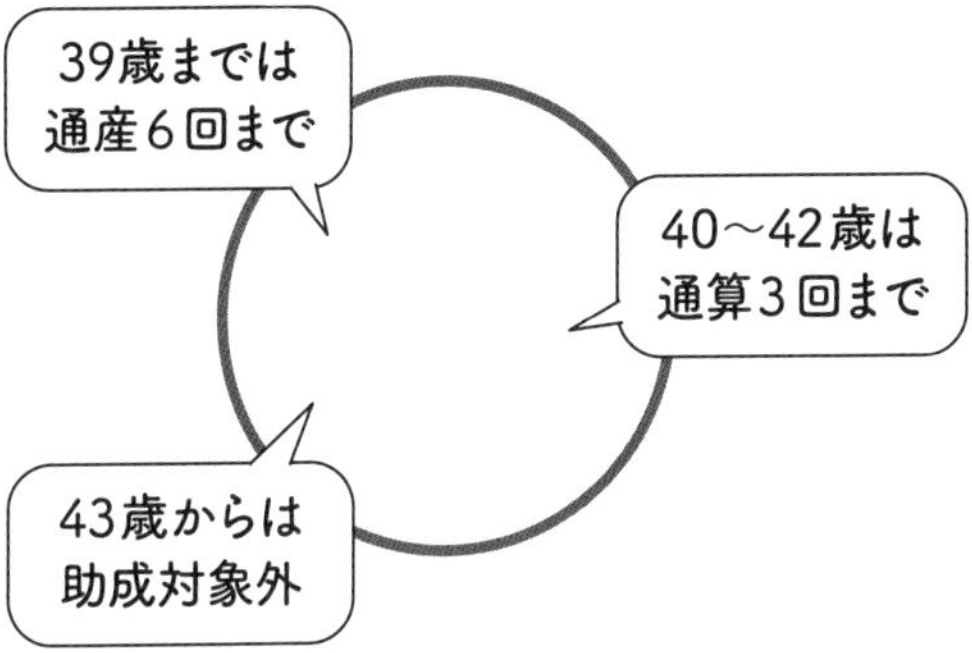

そのポイントは2つ。

1つは、対象年齢を「43歳未満」とすること。年齢に関係なく治療を続けることは個人の自由ですが、公的な助成金に初めて制限がかかることになります。2つめは、通算回数が現行の10回から6回（40歳以降で開始した場合3回）になること。回数は減りますが、同時に年間の申請回数に制限がなくなるため、最大6回の助成金を視野に、短期間で妊娠をめざすことになります。

医学的には不健全な現状

このように、晩婚化・晩産化がすす

み、不妊治療大国となってしまった日本。現状は、医学的に不健全な方向にすすんでいるといえそうです。より「妊娠しにくい時期」に出産しよう、より「安全ではない時期」に出産しよう、そうエスカレートしていく流れを、そろそろ改善しなくてはならない時期にきているのではないでしょうか。

これは、治療を受けるカップルや若い人たちの個人の努力だけで解決できる問題ではありません。社会もまた、変わっていかなくてはならないのです。

少子化危機突破タスクフォース

2013年、安倍政権下で「少子化危機突破のための緊急対策」を直実に実施する目的で、森まさこ内閣府特命担当大臣（少子化対策）のもとに、政府の諮問機関「少子化危機突破タスクフォース」が構成されました。私（齊藤）は、第1期は構成員として、第2期は座長として参加し、議論を重ねてきました。

そこでは緊急対策として、①子育て支援、②働き方改革、③結婚・妊娠・出産支援を、「3本の矢」として推進することが強く提案されています。そして、これまでは個々の対策がバラバラに行われていた、あるいはプライベートな問題として支援が控えられがちだった「就職・結婚・妊娠・出産・育児・教育」という各テーマに対して、「切れ目ない支援」が大切であるということも大きなテーマになっています。

社会も変わろうとしています。みなさんの世代が産みにくいと感じることがあれば、ぜひ、「世の中がこうなればもっと産みやすいですよ」と、声をあげてください。

講座を受けた女性たちは、その後どうなりましたか？

すでに開始した2012年から5年を経過している、この講座。最後に当時、大学生だった女性たちの話を紹介しましょう。

ある大学で講演した後に、駆け寄ってきた一人の女子大生がいました。他大学の学生でしたが、わざわざ別の大学にまで来てくれたというのです。その後、彼女からこんなメールをいただきました。

〈私は今22歳なのですが、19歳～20歳にかけて半年間生理が止まってしまいました。病院に行ったのですが、女医さんに「セックスしたことあるの？　ないの？」と冷たく聞かれ、その日は注射をしてもらい生理を起こしたものの、病院に通うこともなくまた放置をしてしまいました。漠然と「私は子どもが産めないかもしれない」と思いつつも、「病院が怖いし、まだ急ぐ年齢でもない」と言い訳して先延ばしにしていました。

しかし、何が原因で生理不順になっているのかわからないし、生理は毎月来るけど体調が優れず、生理という言葉すらストレスになっていきました。彼氏にも生理不順で悩んでいることを打ち明けられず、女性として自分は劣っているという劣等感と恐怖心に苛まれていました。

スリールのワーク&ライフインターンを始めて自分は本当に子どもが欲しいということに気が付き、前向きになることができました。

通院を続ける中で、生理が来ていても無排卵月経であることを知りました。とてもショックでしたが、様々な検査をして、卵巣と子宮は健康体にあるものの、ストレスにより脳からの指令伝達がうまくいっていないということがわかりました。それからは食生活も気をつけ、ヨガも習慣に。今は生理が来ると心も体もデトックスする感覚になり、生理が楽しみになりました。

自分がベストのコンディションの時に子どもを産む必要があると身をもってわかってからは、働く覚悟がより一層強まりました。間に合わなくなる前に、沢山の女性を先生方の活動により救ってあげて下さい。そして、私が子どもを授かることができましたら、是非先生に抱いて欲しいです。本当にありがとうございました。〉

そして、本当に数年後、彼女は私に赤ちゃんを抱っこさせてくれました。しかし、そこに至るまでには本当に「女性の人生って、どうしてこう大変なの?」という、紆余曲折の出来事がたくさんあることを感じます。

現在27歳の女性のことも少しご紹介させてください。

〈女性の管理職登用率の高い会社へ就職後、すぐに彼氏からプロポーズを受け、出産を本気で考えるようになったのですが、上司に結婚の報告をすると、その第一声は「ハァ?」でした。妊娠したのか尋ねられ、違うと答えたら不思議な顔をされ、やっと「おめでとう」の言葉が返ってきたことは、忘れられません。

新人ながら部署の立ち上げに関わり、やりがいも感じていたのですが、夫の転勤が転機となり、秋田へ引っ越すことを決意。結婚を決めた当初、「働いている君が好きだから」と言っていた夫に約束が違う! と憤りを感じました。

引越した後、すぐにハローワークに通って、人材派遣会社で働きだしました。働きだして1か月ちょっとで妊娠が発覚。飛び上がるほど嬉しかったのですが、上司の態度が一変。「お腹が大きくなる人を、人前に出すわけにはいかない」と、今までとは違う裏方の仕事を回されるようになりました。

転勤族の妻かつ子どもがいると、こんなに惨めな思いを強いられてしまうのか。働き方を考えなければいけないと強く思いました。

夫と赤ちゃんと一緒の念願の生活が始まった後は、赤ちゃんに出会えて嬉しくてたまらないはずなのに、目を開けると涙が出る状態が1週間ほど続きました。あまりにも愛おしく汚れなき存在の誕生と引き換えに、自分は何もかも失ったような錯覚に陥っていたのです。仕事も、友人も、今まで築いてきたものを失った自分と、着々とキャリアを積んで「父親」という肩書を手にして、子どもの産まれる前と変わらない生活の夫。

その後、産後ケアのインストラクターとしてキャリアをスタート。今は夫との出会いも、25歳で娘を産んだことも肯定できます。これからも紆余曲折あると思いますが、夫や子どもとよく話し合って、一歩一歩進んでいきたいです。〉

医学的に不健全な方向にすすんでいる〝不妊治療大国〟
サポートが重要視され、社会も変わろうとしています

補講　特別座談会

男子大学生たちの「産む」と「働く」

特別座談会●男子大学生たちの「産む」と「働く」

これまで、女子学生に向けて「産む」と「働く」の授業を実施してきました。では、女子学生の将来のパートナーとなる男子学生たちは、「産む」と「働く」について、どう考えているのでしょう。

男子学生の多い大学でキャリアに関する特別授業を行い、その受講者のうち5人に集まってもらい、授業の感想と自分たちのリアルを率直に語ってもらいました。

安藤和樹　教育学部4年生　23歳
飯田健太郎　教育学部1年生　18歳
内村孝太　教育学部4年生　21歳
江口翔　教育学部1年生　18歳
岡本宗佑　教育学部4年生　21歳

（全員仮名）

世帯年収のリアルな数字

白河　特別授業から少し時間がたちましたが、印象に残っていることはありますか？

岡本　男女で働いて、２人で家庭を支えていくことにはメリットがたくさんある。ぜひ、考えてほしいという講義の内容は、「そうなのかー」と、新しい知識として入ってきた感じがありました。中学や高校でもそういう授業はなかったし、結婚してからの働き方を考えるというのは、今回初めての経験です。

安藤　女の人が子どもを産んだあと仕事に復帰するかしないかで、世帯年収が変わるというグラフが印象的でした。

白河　やはり男子はお金の話、数字が印象に残るんですね。良いことを聞きました。夫の年収を５００万円として、子ども２人を大学まで行かせた場合、妻の働き方次第で老後の貯金額や赤字額が大きく違いますよ、というグラフですね。やっぱり数字がリアルに響くんですね、男の人は。

安藤　「こんなに違うんだー。専業主婦だと赤字になるじゃないか！」って正直、驚きました。実は今まで、男女共働きって、あまりよいイメージがなかったんです。おたがい忙しいばかりで家族団欒があまりできないという感じで。……でも、２人とも働いてるからこそ、メリットもあると知ることができました。

男女共働きによいイメージがないわけは

白河　共働きによいイメージがないということですが、そういう家庭のモデルイメージは、どこから得たのでしょう？　ドラマ『逃げ恥（逃げるは恥だが役に立つ）』とか？

飯田　いや、あのドラマはけっこう最近のものですから。

内村　自分の育ってきた家庭とかかな。

白河　そう、自分の家庭ね。この中で、お母さんが働いている人、パートとかアルバイトではなくて、ずっとフルタイムの正社員だという人はいますか？

（ひとり挙手）

飯田　母は教員です。

白河　みなさんのお母さんの世代だと、フルタイムの正規で働いてきた人には、教員や看護師などが多いですね。では、他の4人のお母さんは？　……パート勤務と、専業主婦。じゃあ、みなさんの周りに、共働きの暮らしぶりを伝えてくれるような30代カップルはいませんか？　男の人同士で共働きの生活について聞いたり話したりすることもない？

安藤　友だちにはいないです。

飯田　30代の知り合いが、そもそもあまりいないので……。

白河　うーん。学生だと、同年代の情報しか入らないものね。親世代のモデルはあっても、少し先輩のカップルがどう生活しているかはあまりイメージできないんですね。

学校では教わらなかった⁉

白河　では、性や生殖に関する知識について教えてください。たとえば、女性には妊娠適齢期があるということは知っていました？

安藤　大学に入学して、けっこう早い段階で知りました。

白河　そうですか。小中高と学校で性教育はどのように受けてきたのでしょう？

内村　学校ではほとんど教わった記憶がありません。ぜんぜん印象に残らない。

岡本　中学校のとき。うっすら記憶にある程度。

江口　高校で、妊娠とか避妊とかそういう知識は……。

安藤　さらっとですよ。教科書にあったなぁというくらい。

白河　みごとに全員ぼんやりとした知識しかないんですね(笑)。みなさんには、NPO法人ピルコン（http://pilcon.org）の「人生をデザインするため、性を学ぼう。」というサイトをおすすめします。「正しいコンドームのつけ方」という動画をアップしていたり、かなり役に立ちますよ。性の問題はとてもデリケートです。最近は交際中の恋人同士の「デートDV」の被害なども話題になっているけれど、大学で男女の性について、まじめに学ぶ機会はありますか？

安藤　自分が知る限りはなかったですけど……。どう、ある？

内村　ジェンダー論のようなテーマを主体的に選択すれば学べると思いますが、全員が学ぶ機会はないと思います。

江口　入学ガイダンスのときに、性感染症の話や、飲酒の問題について注意があったくらいかな……。

白河　そうなんですね。男女の性についてきちんと学ぶ機会って、ほとんどないんですよね。ある大学の教授から聞いたお話なのですが、その学部ではきちんと「デートDV」など、ジェンダーについて全学部生に教えるそうです。講義のなかで、ある男子学生が「女の子が『つきあう』といった以上、たとえ少し無理やりなことでも受け入れる同意ができている、と思う」と発言したそうです。びっくりしたんですけど、まさか、そんなふうに思ってませんよね？（笑）「いやよいやよも好きのうち」とか、信じていませんか？

内村　さすがに、それはない（笑）。
安藤　そんなこと信じてないですよ。
飯田　自分は、そういうこと（性交渉など）は結婚してからって、けっこう、まじめに思っているんです。
白河　よかった。でも、女の子も「壁ドン」とか言って騒いでいるでしょ。あういうのを見ていると、多少暴力的だったり、一方的なのがいいのかな、なんて誤解したりしません？
飯田　いや、「壁ドン」は「イケメンに限る」ですから（笑）
白河　なんと厳しい（笑）。でも、イケメンでも、同意がなくてはだめですし、あくまでファンタジーですから。

男性にも適した生殖年齢がある

白河　女性の生殖年齢に「卵子の老化」という壁があるということは講義で説明しましたが、男性として子どもを持つ年齢について考えたことはありますか？

飯田　外国のおじいちゃんが、いっぱい妻を持って子どもも孫も何百人、みたいな海外のニュースを聞いて、50～60代でも大丈夫なのかなあと感じた程度ですかね。

白河　子どもが持てないかもしれないという危機感は、男性にはあまりないみたいですね。でも、男性にも個人差があります。では、不妊の原因のうち、約半分は男性の要因が関係しているということは、知っていました？

江口　それも講義を受けるまで知りませんでした。……そもそも不妊治療のイメージとか、これまで何にもなかったです。大学入試の時事問題のために、「体外受精」とか、「代理出産」といった単語を、教養としてっていうのはおかしいですけど、ひととおり覚えたくらいでしたので。

「彼女がいる」組の将来設計

白河　今彼女がいて、リアルタイムで交際進行中という人はいますか？

（3人挙手）

白河　その人たちに聞きたいのですが、彼女と将来の話をしたりしますか？

安藤　将来の話はしますね……。卒業が近いからだと思うんですけど。

内村　けっこう、彼女とそういう話をします。どこで就職しようかとか、給料はどうだろうなんて話したこともあります。

白河　それは、将来結婚するという前提ですか？

内村　まあ、結婚する……つもりで。いや、恥ずいよ（笑）。でも、白河先生の講義のあとで、女性の生涯賃金について彼女に話ました。

一同　えー!?

内村　彼女は働きたいタイプで、そういうの、もともと興味があるから。

白河　それはよかった。でもそのためには、あなたの育児協力も欠かせないということで……。

内村　そうなるかなぁと、講義を聞いて思いました。

安藤　僕も、結婚は一応、視野に入れているんですけど……。

白河　みんな、しっかりしてる。

安藤　3年くらいつきあっているんで……。彼女も教員志望なので、将来の話はわりとします。まず、勤務地のことですね。同じ市内で採用試験を考えようかとか。あとは、結婚の時期。結婚するならいつが理想なのかとか、そういう話もします。子どもができた場合は、僕も彼女も教員という対等な立場だから、白河先生の授業のあとは「やっぱ、（自分も）育休とったほうがいいのかな」なんていう話もしました。

白河　男性の育児休業取得の話ですね。どうでしょう、安藤さんは職場に雰囲気があれば育休とりたいと思う？

安藤　僕は、あの、……そうですね。僕も教員志望なのですが、産休・育休で女性が1年まるまる抜けるということなら、学級担任をもたないなどで成立するかもしれないのですが、男性の教員が3か月とか微妙な期間、個人的な理由で職場をぬけるというのは、どうなんだろう。現実には男性の育児休業はとりにくいんじゃないかな……などと考えています。

白河　男性の育休もいろいろなとりかたがあって、3か月とかそれ以上じっくり休めればもちろんいいのでしょうけれど、赤ちゃんと奥さんが病院から家に帰ってきて育児が始まる大事な時期を、数日の短期間でもいっしょに過ごして子育て生活のスタートをきる、というやり方もあります。まあ、でも、共働きをしていくことが前提なのね。岡本さんはどうですか？

岡本　僕の彼女は1年上で、いま、社会人です。そんなにちゃんと話してはいないのですが、いずれ結婚も考えていて。彼女の就活のときには、勤務地や仕事の内容について話し合い、いくつか候補がある中から、彼女は地元の公務員を選びました。

大学生カップルは結婚の話をするか

白河　みんなちゃんと考えていますね。女の子が就活のタイミングで彼氏と別れる原因として、「私は彼の就職先のことも考えているのに、彼は自分のことしか考えていない！」というのが多いんです（笑）。彼がどういう仕事につくか、勤務地はどこで、転勤の可能性があるかなどを考えぬいて、じゃあ自分はどうしよう……と悩んで就活しているというのに、向こうはこっちのことなどゼロだった、みたいなことですね。

内村　大学生同士のカップルで結婚まで視野に入れるのは少ないんじゃないですか。まじめな話は避けがちですよね。いつか別れるかもしれないし。

安藤　変な言い方ですけど、もし結婚しようってなったときに、そのあたりを共有しておかないと、こわいですよ。たとえ別れることになったとしても、話しておいて損はないと思う。でも、現実には話している人、あんまりいないような気がする。

内村　大学生で結婚について話すとしたら、よほどまじめなカップルか、それとも、すごい「バカップル」か。「どうする～？　うちら、どうする～？」みたいな（笑）。

白河　女子大生に聞くと「今の彼か次の彼と結婚しようと思ってる」って、言う人が多いです。

安藤　「次の彼で！」っていう女の人、いるいる。

内村　そういう女の子いますね。「若いうちに結婚したいから、少なくとも次の彼か、今の彼かで迷う」みたいなことを言う。

白河　子どもを持ちたいと考えたら、妊娠適齢期のことがあるから、女性は、たとえ学生でもちょっとは視野に入れて交際しているかもしれない。もちろん、そうでない人もいますけど、そう思っておいたほうがいいでしょうね。交際相手がいない2人はどうですか？

飯田　大学生で結婚まで考えるのって難しくないですか？　今そこまで考える余裕は……。

江口　そうですね、まだ結婚は、自分でもあんまり考えられない。

安藤　まあ僕も、1年のときはさすがに考えてなかったです。

白河　相手ができたらリアルに考えるものですよね。そして、別に結婚したくないって人がいてもいいと思いますけどね。

本音は、結婚したくないかも

安藤　実はぼく、あまり結婚したくないのかもしれない……。

白河　彼女はいるのに、ホンネは結婚したくないということですか？

安藤　ちょっとわからないんです。教員って、たくさんの子どもたちと密接に関わるし、かなりの激務じゃないですか。理想は男も育休をとったり、家事や育児をすすんでやらなくてはいけないのだろうけど、現実、自分は仕事に集中したい。将来、もし自分が「子どもが生まれても育休はとりたくない」とか、「自分のペースで仕事をバンバンやっていきたい」という気持ちになって理想と現実に悩むくらいなら、結婚なんかしないほうが交際相手にとっても幸せなのかなとか……。ひとりでいれば、好きなように仕事ができるのかなとか……。

白河　独身で思いきり仕事をしたい気持ちと、せめぎ合うみたいな感じ？

安藤　そうですね。自分勝手（な父親）になるくらいだったら、結婚しないほうがいいのかなって。結婚は我慢の連続みたいなイメージもあって……。

内村　それは、親がそういう感じだから？（笑）

安藤　いやいや、仕事の面ですね。子どもができたら、そりゃ夫婦で我慢しないといけないこともあるし、それはぜんぜん苦痛じゃないだろうけど、今までどおり仕事をしたいだけするという生活は、きっとできなくなるから。

内村　結婚がいいいって話、あんまり聞かないよね。結婚の苦労はよく聞くけど。

安藤　想像できないですもん、何十年もその人と一緒にいるなんて。今の彼女とつきあって3年くらいだけど、いらいらすることはいっぱいあるし。……いっぱいあるよね？

内村　……いや、ない（笑）。

安藤　……あ、ごめんなさい、俺だけか（笑）。でも、結婚にいいイメージがないからこそ、結婚については具体的にまじめに考えたいと思うんですよ。

白河　現実的ですばらしい。でもまあ、日本中の女の人が全員結婚したとしても、男の人は300万人くらい余るそうなので、結婚に興味があれば、一度くらいはしてみてもいいかもしれない。

一同　（笑）

イクメンは別世界のもの

白河　育児に積極的なパパ、イクメンといわれる男性たちを見て、どう思いますか？

内村　ぜんぜん別世界のもの、みたいな。

白河　別世界の人間ですか。……このなかで、自分の父はイクメンだったと思う人は？

内村　自分の父親がですか？

一同　ぜんぜん。まったく（笑）。

内村　イクメンって、一種、ブランド化しているんじゃないかな。「やっているのがかっこいいぞ」、みたいな印象がありますよね。家事・育児を男がすすんでやることがあたりまえだというなら、それでいいんです。本来、それがあたりまえになるのが理想ですよね。それをイクメン、イクメンと持ち上げられて、「やってるぞー」みたいな感じが、ちょっと違和感。

岡本　まだイクメンは世の中の常識になりきれてないと感じます。

白河　男子大学生にとっては子育ては遠いこと、なのでしょうか。

内村　そうですね。自分にイメージできるのは、子育てというよりは、遊ぶって感じ。土日に公園に行って遊ぶ、みたいな。でもそれって子育てなのかな？

白河　具体的にイメージできていないんですね。講義のなかで、学生と共働き家庭をつないで「家庭内インターンシップ」を推進しているスリール株式会社の活動についてお話ししました。大学生が実際に共働きの家庭に入って、ベビーシッターのように子どもと遊びながら、子育てや、子どもがいて働く暮らしを体験してもらうという取り組みですが、どう感じましたか？

一同　斬新でした。

白河　学生が出会う共働き家庭が、ひとつのロールモデルにもなるんです。ところで、みなさんの周囲の女の子たちに「仕事したい」「働き続けたい」っていう雰囲気は感じますか？

安藤　高校の同級生と話すと、女の子もみんな「働きたい」って言ってます。たまに「専業主婦がいい」っていう子もいますけど。

白河　知り合いの男子学生で、「交際中の彼女に、生涯賃金の違いについていくら話しても、彼女の専業主婦志望がやまないんです」と悩んでいる人がいました（笑）。でも、みなさんの周囲の女性は、働きたい雰囲気なんですね。

内村　ぼくらはみんな教育学部なので、基本的に、「先生になる志ありき」ですから。

安藤　ぼくの彼女は裁判所の仕事を志望していて、調べてみると制度もめちゃめちゃしっかりしているといって、すごく働きたそうです。

教育実習で感じた現場の大変さ

白河　教育学部だからといって全員教員になるわけじゃないですよね。みんな教員志望ですか？

一同　教員志望です。

安藤　クラスメート全員が教員になるわけではありません。教育実習を機に変わる人もいますしね。ぼくが教育実習で印象的だったのは、男の先生たちの働き方です。とにかく忙がしくて、連日11時に帰宅する人も少なくない。……これでは、子育てなんかできないだろうと感じました。

内村　ぼくの教育実習の担当の男の先生は、子どもが保育園に通っているので、週に2～3日はお迎えのために5～6時くらいに職場を出ていました。

白河　実習先で会う先輩の影響は大きいですね。じゃあ、その先生は奥さんと子育てを分担しているんですね。

安藤　僕のみたところでは、男の先生は、子育てに参加してないだろうな、っていう人が多かったような気がするけど……。

内村　僕もそんなイメージでいたから、早く帰る先生がいて驚きました。奥さんも教員をやっているということでしたが、いったいどうやって子どもを育てているんだろう……。

白河　なるほど。せっかくの機会だから、そのあたりまで話が聞けるとよかったですね。今後の参考になるはずですよ。

安藤　さっき、結婚に迷いがあると話しましたが、現時点では、できるだけ自分も家事も育児もやろうとは思っています。この授業を受けて、自分のためにもなるとわかったので。教育実習で職員室を見ていても、早く帰る先生は早く帰っていますしね。

白河　「早く帰る先生は熱血じゃないなー」、みたいなイメージはありますか？

内村　いや、逆に、仕事ができる人だと思います。仕事ができるからこそ、早く帰れるのかなと。

白河　今後、イクメンなんて呼ばれなくても、男の先生で家庭も育児も大事にする姿を見せてくれる人と出会うと、こういうのもありなんだって、思えるでしょうね。しかもその人が仕事ができると、ますますあこがれますよね。女性にはいろいろなロールモデルがいるけど、ワーク・ライフバランスのロールモデルは、男子学生にこそ必要なのかもしれません。

子育てに関わってみたい、とは思っている

白河　自分のライフプラン。この講義で何か変わりましたか？

飯田　男性の家事育児の時間が、欧米と比べて、日本人は極端に短いことを知って、子育てや家庭に関する意識の差に驚きました。

安藤　イクメンとか子育てに参加するという男の人は、奥さんのため、子どものためにやっていると思っていたのですが、これは結局、自分のためになるんだなと知りました。

江口　男性だけが一生働かなくてはいけないのかなって思っていたけど、イクメンになることで、奥さんにもそうだけど、自分にも還元されるのだと感じました。

内村　奥さんが同じ職業につく可能性が高いので、半分半分、しっかりと自分も責任を負っていかないといけないなという自覚が芽生えました。あと、こういったライフプランを生徒たちにも伝えていけるような教員になりたいです。

岡本　今までは、男性だけの片働きでもやっていけるんじゃないかと感じていたけれど、夫婦そろって働くことが大切だとわかりました。そのためには育児や家事の手伝いを一生懸命しなければならないですね。

白河　頼もしいなー。妊娠・出産については、男女で知識レベルに大きな差がありますう。女性にとっては自分の体に起こりうることなので、いろいろと考えすぎちゃって、男女で会話が成り立たないことも少なくありません。すぐ実感してくれとはいわないけれど、こういうことがあると知っていてくれたらいいですね。

安藤　白河先生の授業を聞いて深まったなという感じです。

内村　でも、周りの男友だちはぜんぜん知らない。

白河　どんどん周りにも伝えてください。また、教職についたらできることもありますよ。たとえば、女の子が高校中退で子どもを産むと、中卒扱いになってしまって、働いても生涯年収はすごく低くなります。一生幸せな専業ママでいられればいいのですが、いずれ働くことになるとしたら、どうキャリアを構築をしていくかを考えていかなくては。

すべての子どもたちが自分で自分の人生をハンドリングしていけるように、教員としてできることはたくさんあると思います。いろいろな事情を持った家庭の子どもがいると思うので、ぜひ多様性を大事にする先生になってくださいね。

男子大学生の座談会、いかがでしたでしょうか？　彼女がいる男性は、彼女の「要求」によって、かなりリアルに両立を考えます。しかし、女性は彼氏もいないうちから、両立を思い悩むのに比べ、男性についてはまったく「両立」というものがリアルになっていないことがよくわかりました。また、男性には「精子の劣化」という身体的なものよりも、「共働きしないと損」というお金の話がリアルにライフプランを考えるきっかけになるというのも発見でした。

男女の性のあり方についても、高校までの時点では性教育が非常にお粗末であることがわかります。最近のキャンパスレイプ事件などを耳にするたびに、学校は真剣に教育をしたほうがいいのではないかと思います。特に、男子学生の多い大学こそ初年度教育に、ジェンダー教育や性教育（デートレイプなどを含む）をライフキャリア教育と同様、とりいれてほしいと思います。

日本でもぜひやってほしいのがハーバード大学などでも実施されている「同意のワークショップ」。イギリスやアメリカでは、数年前から性行為における同意（consent）が盛んに議論されるようになったということです。

同意とは何か？　私も日本で同意のワークショップをやっている「ちゃぶ台返し女子アクション」の大澤祥子さんの記事を読んで納得しました。

性行為における同意とは、一体、どういうものなのでしょうか？

〈同意について知っておきたい、3つのこと

①同意を得る責任は、アクションを起こす側にあります。

②同意は、その行為に対する積極的な参加の意思表示を意味します。つまり、NOという言葉は当然同意ではありませんし、沈黙も同意ではありません。

③1つの行為に同意したからと言って、全ての行為に同意をした訳ではありません。〉

何か事件があると、「被害者（刑法改正で男性も性犯罪の被害者となりました）にスキがあった」「抵抗すれば、被害に遭わなかったのでは？」と言われてし

まいますが、それは違います。沈黙は同意ではないし、怖くて抵抗できなかったことも同意ではありません。

「同意という概念は、私たち一人ひとりが持っている『性の自己決定権』にも繋がっています。性の自己決定権とは、『私の身体は私のものであり、他の誰のものでもない。私の身体については、私が決める権利がある』という概念です。」こういう話は性教育として、きちんとやるべきですね。

（参考記事：http://www.huffingtonpost.jp/moe-suzuki/campus-rape-consent_b_17495740.html?utm_hp_ref=japan）

エピローグ――世の中は変わっていきます。自分で限界をつくらないで！

「産む」と「働く」、そして「子育て」を両立していくために、大学生、社会人のみなさんに知っておいてほしいことをお話ししてきました。

体のこと、仕事のこと、パートナーのこと、そしてそれらを支えてくれるはずの会社や社会のこと……。さまざまな要素が複雑にからみあい、そこにあなた自身の意志が深く関わって、あなたの人生は変化していきます。

自分から行動しなくては手に入りませんよ、と繰り返しお話ししてきましたが、このことでプレッシャーを感じて萎縮してしまう女子がいないかと、少し心配しています。でもね、きっと大丈夫です。応援してくれる人がいっぱいいるからです。

最後に、私と先輩ママ、パパたちからのエールをまとめてお伝えしておきましょう。

自分で「限界」をつくるのはやめましょう

「今の女子学生は『幻の赤ちゃん』を抱いて就活している」といわれることがあります。たとえば、就職活動を始めたばかりなのに、「子どもを産んだら働けませんよね」などと、はやばやと限界を決めてしまうのです。

学生時代は、まだまだ「自分」がどんなものかわかっていない時期。働き始めるなかで、あなた自身はどんどん変わります。世の中も変わります。きっと社会はこれからもっとよくなるでしょう。だから、どうか自分で限界をつくらないでください。

子どもがほしい人は、早めにパートナーを意識して

学生時代や社会人になって早い時期にパートナーを持つことができればいい

ですね。今結婚するまでの平均の交際期間は4・6年です。特に学生時代は「お互いがなにものでもない時期に出会える」貴重な時期です。

自分の人生、自分で舵をとれる部分を多くしましょう

自活は基本です。ただし、どんなにがんばって就活をして、よい企業を選んで就職したつもりでも、その後、何が起きるかはわかりません。明日放り出されたとしても、あきらめないタフネスを胸に、常に「自分の武器は何だろう」と考えながら、専門性を磨いていってほしいと思います。

子どもを持ったら、ひとりでがんばらないでください

何もかも引き受けようとしなくていいんです。人にたくさん助けてもらいましょう。パパ、おじいちゃん、おばあちゃん、ママ友、パパ友、会社の人、保育園、ファミリーサポート……、大勢の人が手を貸してくれます。いろんな人にうまく力を借りるのも、大事なスキルのひとつです。

精一杯の笑顔で感謝しましょう

みんなに助けてもらい、みんなに育ててもらったら、精一杯の笑顔でありがとうと言いましょう。心からの感謝を伝えましょう。そして、いつの日かあなた自身が、助ける側に回ればいいのです。世の中はそんなふうに順番にすすんでいきます。

自分よりちょっと前を行く友人を見習いましょう

5歳くらい上の先輩を見るのもいいですね。自分とほど遠いバリキャリのモデルをめざしても、きっと息切れしてしまいます。あなたと同じようなことで悩んで、同じようになんとか切り抜けてきた人が、あなたの周囲にはたくさんいるはずです。

フェイスブックの「はたらくママの声を届けようプロジェクト」の先輩ママからは、こんなメッセージが届いています。

「制度が整わないから出産・育児と仕事の両立は難しい？　いえいえ、10年前から比べると制度も意識も変わっています。いまあなたが学生なら、10年先のことは難しく考えずにいてほしいです」

「職場での自分、家庭での自分。どちらも本気。違う自分が楽しめます。ダブルに味わえるぜいたくな人生を送れますよ」

「子どもに自由度高く幸福を追求して生きてほしいと思ったら、親自身が自分なりに自由度高く生きる背中を見せるのが早道だと思います」

「大変か大変じゃないか、ではありません。充実した毎日に子どもの笑顔のごほうびまでついてくる。仕事も家庭も子育ても、自分をどんどん成長させてくれます」

二〇一七年七月

少子化ジャーナリスト　白河桃子

さいごに

白河桃子さんと、今回この本を執筆させていただけたことは、とてもよかったと思っています。

学生さんや社会人にとっては、仕事に就くこと、仕事をこなすことは大きな関心事です。人はそれぞれですので、一生独身をとおすかたや、結婚しても子どもはいらないと考えていらっしゃる人はそれでよいのですが、長い人生のなかで、いつかは家庭を持つことも考えていらっしゃるかたには、自分の人生を考える上で、結婚・妊娠・出産・育児と仕事の両立をいかに組み合わせていくかを若い時期から考えてほしいからです。

仕事が順調にいくためにも、早いうちから知識を得て考えておくことが大切です。私の施設では、治療のために通院されているほとんどのかたが30代の後半以降です。これらのかたは、通院・治療にかかる時間的負担、治療結果を予測できない心理的負担、経済的負担、自分の仕事に影響を及ぼす負担など、多くの負担を背負っています。もちろん、妊娠しやすい若いうちに出産・育児をすることにもさまざまな負担がありますが、自分にとって、どのような人生設計を立てるのかが大切です。これを考えるために、この本を書きました。

この本からいろいろな知識・情報をつかんでください。知識・情報が多いほど自分にとってより良い人生設計ができると考えています。

先に述べた30代の後半以降のかたが、もし、20代に妊娠・出産を選択していたら、今述べたような負担の多くが、自分の人生から消失していたと思います（もちろん、若い時期に産む育てる負担もありますが）。

私は、内閣府の「少子化危機突破タスクフォース」などの検討会に構成員として参加し、若い時期に産み育てやすい社会基盤をいかに形成するか検討してきました。

みなさんが自分の人生・今の社会基盤をよく考え、声をあげてください。その声が若い時期に産み育てやすい社会基盤を作れます。
この本がみなさんの幸せな人生を歩む最初の一歩に貢献できたら幸いです。

二〇一七年七月

国立成育医療研究センター　齊藤英和

「仕事、結婚、出産、両立、学生のためのライフプランニング講座」のご紹介

この本にまとめられた「産む」と「働く」の授業は、実際に著者たちが行った授業をもとに構成されました。この授業は、『妊活バイブル』(講談社+α新書)、『女子と就活』(中公新書ラクレ)の出版をきっかけに、2012年にスタート。「『知らなかった』をなくしたい!」をキーワードに、著者たちが、主に東京近郊の大学・高校へ出張授業をしています。
もう何人からも「お母さんになりました」と連絡をもらっています!

ミッション　「知らなかった」「誰も教えてくれなかった」をなくしたい!
妊娠の正しい知識の啓蒙と、「共働き共育て社会」をめざします。

顧問　齊藤英和(国立成育医療研究センター)

代表幹事　白河桃子（少子化ジャーナリスト）
授業実績　東京大学（駒場、本郷）、早稲田大学、大妻女子大学、昭和女子大学、東京女学館大学、文教大学（湘南キャンパス）、明治大学、慶應義塾大学（三田キャンパス）など
取材　ＮＨＫ、読売新聞、産経新聞、日経新聞、朝日新聞など
ホームページ　https://www/facebook.com/goninkatsu/info
動画配信中　http://www.youtube.com/goninkatsu

〈出典〉

図8 妊孕性（妊娠しやすさ）についての質問に対する正答率（女性・国別）
Human Reproduction,28:385-397,2013より

図9 妻の結婚年齢と子どもを持つ割合
Menken j et al:Science 233（4771）:1389-94,1986より

図10 女性の年齢と子どもの染色体異常のリスク
Hook EB（Obstetrics and Gynecology 58:282-285.1981）及びHook EB,Cross PK,Schreinemachers DM（Journal of the American Medical Association 249（15）:2034-2038,1983）をもとに、厚生労働省母子保険課にて作成されたデータより

図11 卵子の数の変化
鈴木秋悦著『ヒトの受精のタイミング』（１９８２年）

図12 女性の年齢とＡＭＨの値
Fertil Steril.2011 Feb;95（2）:747-50より

図13 ＯＥＣＤ加盟国の第１子出生平均年齢
２００８年発表データより（ただし、カナダ・イタリアは２００７年、メキシコ・アメリカ・フランス・イギリスは２００６年、オーストラリア・デンマーク・日本・韓国・ニュージーランドは２００５年のデータを使用）

図14 年齢別にみる性交のタイミングと妊娠率の関係

Human Reproduction Vol.17.No.5 pp.1399-1403,2002 より

図15 男性が若いと早く妊娠する／図16 男性の年齢と流産リスク／図17 男性の加齢と先天異常

Hum Reprod Update 16:65-79, 2010 より

図18 男性の加齢と精子の質の変化

J Assist Reprod Genet, On line 01 June, 2013 より

図20 女性の年齢別未婚率の推移

総務省「国勢調査」２０１０年より（ただし、１９６０～70年は沖縄県を含まない）

図21 日本人は恋愛低体温？

山田昌弘編著『「婚活」現象の社会学』（２０１０年）

図22 「待ちうけ」×「待ちうけ」では……

電通総研「独身者の意識・実態調査」第一弾「『イマドキ独身女子の結婚観と恋愛の実態』とは？」２０１０年より

図23 結婚願望と年収のミスマッチ

明治安田生活福祉研究所／クォータリー生活福祉研究／通巻74号／vol.19 No.2
「日本の未婚者の実情と、『婚活』による少子化対策の可能性」山田昌弘　２０１０年

図28 続けたくても続けられなかった理由は

三菱ＵＦＪリサーチ＆コンサルティング「両立支援に係る諸問題に関する総合的調査研究」
２００８年より

図29　生涯賃金はどう変わる？
『経済財政白書』２００３年より
図39　先進国の男性の１日あたりの家事・育児時間と出生率
（左図）OECD Employment Outlook 2001, 総務省「社会生活基本調査」２００１年より
（右図）UNDP Human Development Report 1995, 総務省統計局「社会生活基本調査」２００１年より
図40　夫の協力と第２子出生の有無
厚生労働省大臣官房統計情報部「第12回21世紀成年者縦断調査」２０１３年より

※本書は、2014年に講談社より『「産む」と「働く」の教科書』として発行されたものに、大幅に加筆修正し、新書化したものです。

齊藤英和《さいとう・ひでかず》

国立成育医療研究センター　周産期・母性診療センター　副センター長。山形大学医学部附属病院講師、山形大学医学部助教授をへて2002年より現職。専門は生殖医学、不妊治療。不妊治療の最前線で長く活躍する一方、加齢による妊娠率低下や高齢出産リスクに関する啓発にも力を入れている。日本産科婦人科学会倫理委員会・登録・調査小委員会委員長。東京農業大学客員教授、近畿大学客員教授。白河桃子氏との共著に『妊活バイブル』（講談社+α新書）がある。政府の「少子化危機突破タスクフォース」諮問委員。

白河桃子《しらかわ・とうこ》

少子化ジャーナリスト・作家・相模女子大学客員教授。「働き方改革実現会議」有識者議員をはじめ、多くの政府の会議に参画。慶応義塾大学文学部社会学専攻卒。山田昌弘中央大学教授とともに「婚活」を提唱し、ブームを起こす。女性のライフキャリア、男女共同参画、女性活躍、ワークライフバランス、ダイバーシティ、働き方改革などがテーマ。『妊活バイブル』（講談社+α新書）共著者、齊藤英和氏とともに、東大、慶応、早稲田大学などに「仕事、結婚、出産、両立、学生のためのライフプランニング講座」をボランティア出張授業している。講演、テレビ出演多数。著書に『格付けしあう女たち』、『「専業主夫」になりたい男たち』（ポプラ新書）、『御社の働き方改革、ここが間違ってます!』（PHP新書）などがある。

編集協力　和田千春
図表イラスト　角慎作

ポプラ新書
129
後悔しない
「産む」×「働く」

2017年8月7日 第1刷発行

著者
齊藤英和 + 白河桃子
発行者
長谷川 均
編集
木村やえ
発行所
株式会社 ポプラ社
〒160-8565 東京都新宿区大京町22-1
電話 03-3357-2212(営業) 03-3357-2305(編集)
振替 00140-3-149271
一般書出版局ホームページ www.webasta.jp
ブックデザイン
鈴木成一デザイン室
印刷・製本
図書印刷株式会社

N.D.C.367/254P/18cm ISBN978-4-591-15538-7

生きるとは共に未来を語ること　共に希望を語ること

昭和二十二年、ポプラ社は、戦後の荒廃した東京の焼け跡を目のあたりにし、次の世代の日本を創るべき子どもたちが、ポプラ（白楊）の樹のように、まっすぐにすくすくと成長することを願って、児童図書専門出版社として創業いたしました。

創業以来、すでに六十六年の歳月が経ち、何人たりとも予測できない不透明な世界が出現してしまいました。

この未曾有の混迷と閉塞感におおいつくされた日本の現状を鑑みるにつけ、私どもは出版人としていかなる国家像、いかなる日本人像、そしてグローバル化しボーダレス化した世界的状況の裡で、いかなる人類像を創造しなければならないかという、大命題に応えるべく、強靭な志をもち、共に未来を語り共に希望を語りあえる状況を創ることこそ、私どもに課せられた最大の使命だと考えます。

ポプラ社は創業の原点にもどり、人々がすこやかにすくすくと、生きる喜びを感じられる世界を実現させることに希いと祈りをこめて、ここにポプラ新書を創刊するものです。

未来への挑戦！

平成二十五年　九月吉日　　株式会社ポプラ社